唐骏来啦

唐骏◎著

广西师范大学出版社
·桂林·

序：唐骏来啦，唐骏真的来啦

还记得2013年，我通过微博向外界宣布自己正式离开新华都，出任港澳资讯董事长兼CEO。我把这一年看作是我唐骏的新元年，我用一种低调的方式选择了我人生旅途中的一次重新出发。

为此，我写了一本《我还年轻，我还可以重新出发》的个人自传，向大众讲述了自己职场20年来经历的风雨，以及自己人生50载的个人感悟。没有想到反响特别地好，不但受到了读者朋友们的欢迎和喜爱，而且这本书也成为了2013年中国前十的传记类畅销书籍。

在我的人生经历中，无论是国际科技巨头微软，还是中国网络先驱代表盛大，以及后来的集团化帝国新华都，这一路的风雨陪伴我成长的同时，也让我尝试并熟知了IT、互联网、零售百货、医药、矿业等许多不同的行业。也正是由于有了这样的经历，让我充实了自我，收获了自我，成就了自我。

以前，我经常会作为嘉宾，去参加一些电视节目，很多是有关职场或者人物类的节目，大多讲述的是我的个人经历以及我服务过的企业情况。

有一天,我突然有了一个想法:我想把自己人生经历中看到、学到、领悟到的知识和观点分享给更多的人,而不仅仅只是局限在自己的人生经历上。

也正是在这个机缘巧合之下,有电视台的制片找到了我,希望我可以在他们的一档财经类节目中出任主持人。这是一档脱口秀的节目,主要通过节目来揭秘中国乃至全球商界的风云事件和风云人物,我一直很喜欢。

从前从来没有当过主持人的我,对这样的邀请很难拒绝。以前我也常去做嘉宾,但这一次是做主持人,感觉完全不一样。

节目一经播出,马上得到了观众的好评,也引起了媒体界的关注。我马上接到了《人民日报》旗下《中国经济周刊》杂志主编的邀请:“唐总,您可不可以为我们周刊写个专栏……”大连《新商报》也要求和我们合作相关的专栏……

唐骏来啦,唐骏真的来啦。这一次我真正做了媒体的朋友。在微软中国的时候,我便被媒体称为“亲切的朋友”,现在我也开始做主持人,做专栏作家,做媒体人了。一切都是一个新的开始,新的挑战。

时间过得很快,2014年不期而至。回顾过去的“媒体生涯”,我主持了近50期电视节目,写了近50篇专栏,还主演了一部微电视剧《办公室的春天》以及友情出演了很多很棒的影视剧……

也正是在2014年初,我突发奇想,一改过往的风格。写了这本非传记类的书,叫《唐骏来啦》。我想通过这本书告诉那些一直支持我、喜欢我的朋友们:除了自己的职场经历,我还有很多的话想要说。

这是一本很特别的书,不但涉及了房地产、互联网、能源、电商等备受关注的主流产业,还解密了很多2013年新闻热点时事……有朋友说这就是一本财经类的“百科全书”,聚焦的是社会话题,论述的是产业经济。每一章,我都写得很用心,因为一字一句中都浓缩着我思想的精华。

2014 年的第一天,我很兴奋,兴奋的是迎来了新的一年,迎来了一个真正全新的自己。这一切都让我兴奋不已,让我期待已久。

唐骏来啦！唐骏真的来啦！

目录

01 金领是怎么“混”出来的

曾经有人跟我说过：“唐骏，你比较爱作秀。”但我觉得像我今天这样做电视秀，还是有点难度。为什么呢？因为外表。你们也知道，一看我这个外表还是有硬伤的。

今天我们主要讨论的话题是金领。什么是金领？虽然没有一个确切的标准来衡量金领，但人们对于“金领”，已经有了约定俗成的观念：即拥有较高的社会地位、资深的工作阅历、20 000 元以上的月收入和优越的生活条件。这四个指标构成了世人眼中对于“金领”的理解。在此，我想告诉大家，你们可能不一定去创业，那么不创业的另外一个成功途径就是去把自己培养成为金领。

| 金灿灿的“打工仔” |

中国职场，人们已习惯了用领子的颜色来诠释职业，划分不同的人群：

操作机械的工人,被称为蓝领;出入商务中心的文职人员,被称为白领;而其中的女性文职人员,又被称为粉领;当一些人努力让自己跻身白领族群的时候,另一些人的领子则已经镀上了黄金,人们将这些人称为金领。

我有位朋友心目中的金领应该是这样的:第一,他的生活质量要优于大部分人的;第二,他们的社会地位相对不错;第三,他们是某一行业中的佼佼者,已经进入了管理层;第四,他们收入很高;第五,他们在知识结构方面不断地要求自己,一直在追求上进。

其实每个人心目当中都有自己的金领标准,不过现在很多中国老百姓还是把金领叫打工的。尽管我自我感觉还不错,但是人家都说我就是个打工仔——我总觉得这是个贬义词。我们先看看西方国家的金领们,他们的社会地位也好,收入也好,拿出来看会让你发惊。为什么他们的收入那么高,一个打工的人怎么可能拿这么多?

|世界级金领排行榜|

在世界级金领里,排名第一的跟我有点儿关系,是美国微软公司的CEO史蒂夫·鲍尔默,他的身家大约是一百亿美元。微软公司是比尔·盖茨和保罗·艾伦两个人创业出来的,他们雇了史蒂夫·鲍尔默来做CEO;第二名是埃里克·史密斯,谷歌CEO,身家是69亿美元;排名其后的是苹果的CEO库克,身家56亿美元……这都是美国最顶级的金领。

所以,我现在到哪儿都跟别人说,不要小看我们这些打工的。虽然你们把我叫做打工仔,但是第一,我自己心态很好,我不是在为别人打工,我是在为自己打工;第二,我觉得你也千万不要小看我们这些打工的,你看看我们打工的领头人——史蒂夫·鲍尔默的身家有100亿美元。

他们的身家比很多创业的老板的身家高很多,甚至高到一般人根本无法超越。金领,或者我们称之为职业经理人,在美国已经有100多年的历史,职业经理人的培养、培训和认证机制也相当地健全,而且大家也非常认同。谷歌创业两年以后,就请了史密斯来管理;盖茨照理说是很聪明的,可刚创业没多久,他就把他同宿舍的同学鲍尔默请来,鲍尔默是个管理的好手,还是他来管理公司吧。

纵观那些叱咤商场、为自己的统帅打下一片片江山的黄金战将,他们身上都不约而同地具有一些与众不同的特质。微软首席执行官史蒂夫·鲍尔默最与众不同的特点就是容易激动,在激动的时候鲍尔默习惯把任何事情都强调三遍。在一次演讲时,他难以抑制自己激动澎湃的情绪,向台下的人连续问了六遍:“你们明白了吗?”涨红的脸和突起的青筋使他获封“演说狂人”的称号。美国的另一位狂人是苹果现任首席执行官蒂姆·库克,他是十足的工作狂人,库克没有什么爱好,在他看来,工作就是他最大的爱好,他曾创下两天两夜不睡觉、连续工作的纪录。看来想要成为金领,绝不只是依靠聪明的头脑和努力打拼就能实现,还需要具备异于常人的特质。

中国最强“打工仔”

中国公司和外国公司的不同之处在于,现在中国职业经理人还是处在一个初始阶段,但是他们的收入也会让你感叹。排名第五的叫吴士宏,是我曾经在微软的同事,被誉为“打工女王”的吴士宏,10年前是微软中国公司的总裁,她的身家是5 000万人民币,非常了不起,曾从公司前台做到IBM

中国渠道总经理的吴士宏将她作为一个女人的与众不同发挥到了极致;第四名是平安保险的马明哲,有2.8亿;第三名是卫哲,有3.2亿;第二名是联想的杨元庆,也是我的好朋友。还有一个叫"打工皇帝",他的身家是10亿,这个人的名字我们先不用说,低调一点儿。我觉得从这个数字上来看,其实在中国,都把这些金领叫做打工的,真有点小看我们了。你看看这些身家,我觉得也不菲啊,所以我想跟大家一起来分享的就是他们是怎么成为金领的。我们做了一个小小的统计,我在微软的第一份工作一做就是10年,吴士宏的第一份工作是在IBM公司做了12年,杨元庆在联想做了23年,我的微软老板史蒂夫·鲍尔默在微软做了34年。这给了我们第一个启示,你不在一个公司里泡下去、混下去,你就很难成为金领。通俗一点的话,叫"hold得住",至少要做个5至10年吧。

很多人说,现在我的这份工作也做了蛮久了,算算我年纪一大把,这个工作做了15年了,还是没有做成金领。其实要达到刚才说的这种金领的境界或者地位,做长只是第一条件,我觉得还不够。在我看来,从普通的白领变成金领,或者变成超级金领,我觉得还要做得与众不同。什么叫与众不同?就是别人不做的你去做,别人没有想到的你去想,别人不敢想的你也要去想、你也要去做。

|"打工女王"吴士宏的"智慧"|

我给你们讲一个真实的故事,关于"打工女王"吴士宏。我经历过她的一场述职报告,她当年的业绩一般,那次作述职报告的时候,对面坐的是鲍尔默,还没说五分钟呢,鲍尔默一看这个业绩,劈头盖脸地大骂,才刚刚骂了五分钟，吴士宏做了一件事：哗～资料往边上一扔，然后号啕大哭起来。哭得那么惨的样子，我是前所未见。当时我在边上旁听，我都觉得这不公平，你这么一个大男人，把这个小姑娘骂成这个样子，至于吗？周围的其他副总裁也觉得这个小姑娘太可怜了，多大的委屈啊，不就是业绩没做好，有什么了不起的，微软也不差钱啊，你把一个小姑娘骂成这个样子。在这种情况下大家都傻了，这个时候连鲍尔默都傻了，他当时觉得自己像犯了多大的错一样，所以鲍尔默就开始说："朱丽叶（吴士宏的英文名字），你能不能不哭？"朱丽叶根本就不理会，继续哭。这是一种本事，我把它叫做"该哭的时候就哭"。到最后，鲍尔默就开始换一种方式鼓励她："其实朱丽叶你做得真的是很不错，无论从哪个方面，跟其他分公司比，或者跟前任比，我觉得你在各个方面都已经超越了。"反正最后他讲了一大堆的好话，周围的人也开始说："朱丽叶你真的是做得很好，微软中国还是作了很突出的贡献。"本来是个批斗会，结果变成了赞扬大会，这就是聪明的女人。

号啕大哭，谁看到都会伤心，谁看到都会舍不得，可再大的错也不至于哭成这样。其实我们是聪明的，一般有女孩偷偷哭两下，我们看得出你是不是装的，但是能像吴士宏这种号啕大哭，真的算是个本事了。我再讲一个关于她的故事，有一次她跟她的男性销售总监们开会。一个季度下来，每一个销售都去跟她说我们这个季度是完不成任务的。换了我，或者换成一般的老板，肯定桌子一拍，东西一扔。干吗？骂！但是吴士宏不是，吴士宏的做法是什么？哭！你想啊，老板在员工面前哭还是要有勇气的，这次她又号啕大哭，那你想这些男人，也是金领，微软中国的副总裁们，一看到自己的老板哭成这个样子，简直无地自容。这些大男人马上对着吴士宏说："朱丽叶，我们知道了，从今天开始，我们哪怕天天去吃饭、天天去喝酒、天天去陪客户，也要把这个季度的任务完成。"这就是吴士宏与众不同的地方。

| 金领的“与众不同” |

哭可以变成一种智慧，当然也需要你有本事。一般的员工要做到与众不同不容易，我讲讲自己的感受，在我的人生经历当中，也有与众不同的时候。那时候我刚进微软，是一个写程序的小员工，生活在微软最底层。那时我就在想，怎么样才能让领导来赏识我、重视我。所以我就想了一个办法，我就开始给盖茨写信。我进微软的时候，盖茨在微软里面已经基本上像个神一样。一个小员工给他写信，你觉得他可能回答吗？我觉得机会不大，但是我没放弃，我就给他写信，第一封信告诉他说，我有一个想法，想在微软推广一个开发模式，他根本就没回。第二封信我告诉他，我给你写信之前我已经给其他领导写过信了，没人理睬我，所以我才写信给你，如果你也不理睬我，那我会做一件事：以后每过一周，我就给你发一封邮件。到了第三周，邮件就自动发给了盖茨，当然我们是学技术的，很简单地设置了一下，每周同一时间给他发一封邮件。最后盖茨看到一封一封的邮件不断地来，可能就烦了，他就回复了我，也帮我找了个领导。这三封邮件让我从一个小小的员工变成一个项目经理，这是别人想做而没有做，或者是别人根本就不敢做的事情，我去做了。所以，我觉得在某种意义上来看，我也做了一些与众不同的事情。所以我们看到，领导交给你的事，你做好了，那就是普通员工；领导没有交给你的事，你也去做了，这叫优秀员工；领导没想到的事，你去做了，才叫与众不同。在职场中，我相信，每个人都可能成为金领。我觉得我们已经没机会人人都成为煤老板、房地产老板了，但是还有一条职场的道路，每一个人都有机会去争取。因为可以用我们的智慧、用我们的努力、用我们的勤奋，我们不需要去依靠自己的社会关系，要靠的是你自己。如果说我们每一个人都能做到这些在职场成为金领的最基本的要素，我们说的简单，我们说的勤奋，我们说的执着，或者说“hold 住”、与众不同……我相信每一个人都可以成为我们心目当中的金领。

02 创业不是那么回事

前两天我在公司里发现一个员工在看一本书，这本书的名字很有意思，叫做《左手马云，右手唐骏》。于是我开玩笑地跟他说：“你很有品位啊，看这本书。”他马上说：“我觉得书上你跟马云两个人，真的是很有魅力，连长相都非常非常地吸引人。”当时我就在想，马云确实有魅力，但是如果你把他和我从外表上来进行比较的话，我觉得是不是会有点不太公平。

后来我一直在思考一个问题。什么问题呢？大家都知道，在中国很多人把马云当成偶像，特别是那些准备创业的人会觉得马云真的非常有魅力。原因很简单，在中国有一股创业的浪潮，有句话是说：“十个人里边，九个人想创业，还有一个人想嫁给创业的。”这虽然有点夸张，其实表现了中国的这种到处可见的创业机会，以及年轻人极高的创业热情。我觉得有必要告诉一下大家，其实创业并不是这么一回事儿。

不“成功”就别创业

有一次我去河南作演讲,一个小伙子过来跟我说:“唐总,我想创业。”我实在听到过太多这样的问题,就反问他:“你为什么要创业?”他说因为找不到工作,所以想创业。我说,你连工作都找不到还谈什么创业。他说他是真心的,因为他大学也没毕业,成绩也不是特别好,之后也不太好找工作,唯一的出路就是走创业之路,他觉得这样才能在真正意义上改变他的人生。当然我觉得这个小伙子的初衷是好的,他希望通过创业来改变自己的过去,但是我想在这里告诉大家,其实创业不是你想得那么简单,绝对不能因为你找不到工作了,毕不了业,才去选择创业之路。现在的年轻人往往会受到一种误导,觉得比尔·盖茨是辍学后走创业之路的,乔布斯也是不读大学然后去创业的。就是因为误读了这种思想,他们才开始有了“读书无用,创业最好”的不切实际的想法。

相信大家对比尔·盖茨辍学的故事并不陌生, 1973 年盖茨考进哈佛大学,在哈佛求学期间,他为第一台微型计算机开发了 basic 编程语言的一个版本,在大学三年级的时候盖茨离开了哈佛,并把全部精力投入到他与好友保罗·艾伦在 1975 年创建的微软公司中。无独有偶,苹果创始人乔布斯也是个辍学精英, 1972 年 12 月,乔布斯在里德学院就读仅一个学期就辍学了,原因是其父母财务紧张支付不起学费,然而他辍学之后并没有回家,而是留在里德学院,在一间废弃的宿舍里住了一年,学习书法、哲学和外国文化。此外,Facebook 创始人扎克伯格也有相同的经历,在哈佛求学的第二年,他侵入了学校的数据库,将学生的照片拿来用在自己设计的网站上,供同班同学评估彼此间的吸引力。之后，扎克伯格就和两位室友一起建立了一个为哈佛同学提供互相联系平台的网站，命名为 the Facebook，网站推出即横扫整个哈佛校园。2004 年年底 Facebook 的注册人数已突破 100 万，扎克伯格干脆从哈佛退学，全职运营网站。这么多案例，大家难免会产生疑虑，难道辍学去创业真的是成功的捷径吗？

大家要注意，像乔布斯、比尔·盖茨他们都是主动辍学，而不是考不上大学，找不到工作，可以说这两个人的成绩都是非常优秀。盖茨我比较熟悉一点儿，他是哈佛大学的学生，因为觉得创业比读书更重要，所以最终选择了去创业。而我们现在很多大学生单纯觉得读书没用，很多年轻人干脆连读也不读了，这样的他们是被误导得太深了。所以说，如果想创业，首先你要是个成功的人。你必须自己准备好了才可以去创业。

｜激情，创业者的共性｜

据调查显示，国内每 100 家创业企业中只有 20 到 30 家可以熬过 1 年，而熬过 3 年的只占这其中的 30%。至于如今流行的大学生创业，其失败率更是高达 99%。创业企业从无到有，创业者需要做资金分配与调度、人才招募、营销策略制定、管理控制，以及面对同行的竞争和市场的变化。因此，任何一个环节出现问题，对于脆弱的创业企业而言都是致命的。这也应了那句老话，机会只青睐有准备的人。

我看到身边很多很多的创业成功人士，他们有一个共性，就是对自己所从事的这个行业充满热情，这种热情是很多人无法想象的。每一个阶段都会遇到不同的问题，你最开始时要发展公司，到中期的话你要想它怎么扩大，到后面的话你要想怎么超越同类公司，做到最好。所以说你的这种劳心劳力是没有办法停下来的。创业成功概率实在是太低，十个人当中很难找到一个，一百个人当中找到一个也很不容易。但是如果你没有这种所谓的理想或者梦想的话，其实根本就没有机会去创业。所以为什么说热情肯定是需要的，甚至需要有点发狂的感觉，如果没有这种狂热的热爱的话，你是很难坚持下去的。

“我们要干点什么才好，否则车库永远是车库。”惠普创始人休利特和帕卡德跃跃欲试。1938 年，两位曾在斯坦福大学求学的年轻人，25 岁的比尔·休利特和 26 岁的戴维·帕卡德，在美国加州帕洛阿尔托市以月租 45 美元将爱迪生大街 367 号租了下来，除了一楼房间做起居室外，那间不起眼的车库也被他们充分利用起来，538 美元的启动资金外加车库内一些异常简陋的工具：一个工作台、一套老虎钳、一台钻床、一把螺丝刀、一把锉刀、一只烙铁、一把钢锯和一些在外面买来的元件，惠普公司就这样诞生了。始自惠普，美国的创业公司好像恋上了车库，一些赫赫有名的企业也浮出水面，原来都发源于车库，如谷歌、亚马逊、迪士尼、哈雷、Youtube 等，以至于有人戏称车库为“创业之母”。事实上，创业者需要对自己的事业怀有极大的热情，哪怕没有天使投资、没有豪华的办公室，更没有招聘员工，就是在车库这样的方寸之地，他们也能热火朝天地做起大事业。

| 唐骏创业史 |

我小时候那个年代，娱乐活动很少，当年我们唯一的娱乐就是通过广播听相声，所以那个时候的相声演员，像马季、姜昆、侯耀文这些人，在我们这些人的心目当中就是娱乐明星。我去了美国以后突然萌发一个想法，我真的很想听他们的相声，想把他们请到美国来演出。后来我跟周围的人说，他们都不相信："人家怎么可能来美国演出呢？"这个时候我自己动手了，我通过一个朋友跟姜昆联系，给他写信告诉他说，想邀请他还有谁谁谁来美国做一场演出。没想到姜昆接到这封信以后居然第一时间给我打了一个国际长途，那时候打国际长途是很难的一件事。他告诉我说，非常愿意来美国演出。就这样我居然把姜昆、马季、侯耀文这些中国最著名的相声演员，还有像宋祖英、蔡国庆这些歌手请到了美国，做了一场全美巡回演出。今天回忆当时的情况我才发现，其实还是因为我真的很喜欢相声才能做成这件事。

创业的时候我们需要理性，也需要很大的感性，甚至到了一点儿疯狂的程度，但是最终还要回归到理性。也就是说创业必须有实实在在的产品或者服务出来，这才叫创业。我相信每个人都有很多很多的想法，如何真正让想法付诸实现，才是我们必须要跨的一道坎。我觉得创业跟谈恋爱差不多，谈恋爱你可能会喜欢一个人，你会早上也想他，下午也想他，晚上睡觉还想他，但是如果没有行动，你觉得你能成功吗？我觉得一点儿机会都没有，最后不是生病就是变态，反正就两个结果。

以前看过一句话说创业者和非创业者的区别只有一个词、两个字，就是"行动"。好比谈恋爱一样，如果我不迈出那一步，不向他递出橄榄枝的话，我就永远没有办法去跟创业结缘。你真的是有很多的想法，有很多的商业模式，可能你已经讨论了三五年，但你永远不去做就意味着你永远不算是创业。前两天我跟公司的高管在一起开一个所谓的酒会，高管突然跟我说："唐总，我现在不想喝酒了。"我问为什么，他说最近在准备要小孩，而且准备的时间很久了，一直没怀上，所以不想喝酒，因为喝酒可能会有影响。后来我跟他开玩笑说："我不是什么生小孩的专家，我真的不知道喝酒是不是对生小孩有影响，我之前还觉得很多人就是因为喝了酒才擦枪走火的。"所以这说明什么道理呢？很多事不能靠凭空想象。

其实我也有过那么一段小小的创业过程。那是当年在洛杉矶的时候，那时我还真是什么都没有，正好碰到一个机会，在那个年代，电视的卡拉OK刚刚盛行，所以我就在想，如果你每唱一次歌，这个机器告诉你打多少分，是不是很有意思？有了这个想法以后，我马上就去做，因为我是学电脑的，对语音信号处理又有那么一些了解，所以就回去做了一个所谓的叫"卡拉OK打分机"的机器。这个机器成就了我的第一桶金，成为我创业的起步。之后有人说，卡拉OK打分机这个系统很复杂，其实我告诉你真的不难，一点儿含金量都没有，这也是为什么很多人说卡拉OK打分机不准的原因。其实我觉得准不准不重要，重要的是我把它做出来了。很多时候，很多人有很多想法，今天想做这个，明天想做那个，创业这件事可不是说你天天在那儿想就想得出来的，最重要的一点是你是不是把它付诸行动。所以还是这句话，要有行动、有执行力。

| 软实力 + 硬实力 |

"我是一个2B青年，因此形容我只需要用三种语言：阿拉伯数字、英文字母、中文。"奇虎360董事长周鸿祎幽默地形容自己的创业经历，从程序员到业界大佬，创业十几年来，他和李彦宏抢过生意打过官司；和马云互相"封杀"；抢过丁磊的地盘；和管网站注册报备的CNNIC（中国互联网络信息中心）干过仗；同瑞星、金山、卡巴斯基都对骂过；与马化腾互掐，让网民做过"一个艰难决定"；如今又和同为湖北老乡的小米科技董事长雷军在京城

“斗法”。自创业以来，周鸿祎经历了无数次大大小小的“战役”，但并不是每一次他都能胜利，之所以能熬到现在，他把成功归结于自身“2”的精神，他所谓的“2”是一种无时无刻不在战斗的精神。因为只有如此才能在残酷现实里走得更远，最终熬到成功。

我发现很多人都在讲创业成功的故事，往往都会说他是怎么创业成功的，然后你们按照我这个路走，将来你们也可以做成功人士。千万不要全信这些人，这些人的话最多只能信10%。为什么？因为他隐藏了真正创业的最难部分，他没法讲给你听，他讲出来你也不信，讲出来你也学不到，创业很难复制。

创业是软实力加硬实力的一个整合体，软实力只占10%，企业家的精神、创业的热情等等这些固然重要，但最重要的是硬实力，比如我们说创业，你就需要做到和别人有不一样的地方，拥有一个独特的技术。我们看美国很多这种创业，无论是盖茨也好，乔布斯也好，无论他们是在车库里创业，还是租房子创业，最终他们拥有一个别人所不具备的核心技术，或者一种全新的商业模式。这个我觉得很重要，特别是在当今这个社会，除了技术之外，还需要什么？资金。你需要雇更多的人来帮你一起创业，所以你需要资金的准备。当然除了资金之外，你可能还需要一些其他方面的储备，比如说一些基本知识，至少要懂一些税务、懂一些法律等等。

在当今的竞争社会中，太多太多人在寻找着自己的创业梦想，太多太多人拥有了这10%的软实力，但是如何去寻找属于自己的90%的硬实力，这是我们创业的每个人都需要关注的。我觉得作为一个创业者来说，你必须找到属于自己的90%的硬实力。等你拥有了这些实力，赶紧加入到创业的团队中来，赶紧投入到创业的事业中来，寻找你的梦想，相信你一定会实现梦想。

03 大佬们的另类生意

我小时候特别喜欢看电影，所以一直在想什么时候能够拍一部电影就好了，所以最近我在策划一部电影，叫《你行我素》，描述一个农村小孩，怎样在外企奋斗拼搏，最后做到了中国区总裁的故事。当然，这部电影还是有那么一点点情感纠葛，还是跟三个女人同时发生纠葛。很多人说这个是不是你唐骏的传记片啊？当然不是。拍电影首先你要有个大腕儿，然而对我们来说，毕竟是一个描述商界的电影，所以我也想了一套与众不同的方式。我会请商界的一些好朋友来客串电影角色，比如说新东方的俞敏洪，我让他演一个倒爷；我也让冯仑来扮演一个卖书的；当然我自己也想客串一下，所以我给自己定了个角色是保安。为什么演保安？很简单，长相你能看得出来，比较粗。除了这些人之外我还请了一些比如百度的李彦宏这样的魅力型帅哥。有了这些人来帮我出演的话，那感觉就是一个《杜拉拉升职记》的升级版。唐骏也可以去拍电影，所以这也是我们今天聊的话题——老板们的另类生意。

丁磊养猪

2008年4月的一天，在重庆一家火锅城，一盘经过化学加工的生猪血被端上了餐桌，令丁磊和在座朋友很倒胃口。这次不起眼的遭遇，让丁磊萌生了投资养猪的念头。4年后，网易的农业事业部在浙江省安吉安家落户，丁氏生态猪逐渐露出真容。

丁磊是一个互联网公司的老板，你说你一个互联网公司的老板要去养猪，全国人民都跌破眼镜。我在盛大工作的时候经常和丁磊有一些所谓的游戏公司老板们的聚会。我对丁磊的印象深刻，那是2004年的时候，丁磊刚刚被胡润评为中国首富，我们正好在广州聚会，他自己开着车来的，一个中国首富，自己驾车就到这个会场上来了。我就问他："丁磊啊，你怎么自己开车啊？"他说自己开车多爽啊，想去哪儿就去哪儿，我就想逻辑上好像也没这个道理啊，我有司机，我想去哪儿基本上司机也还是去哪儿的。你再看他这身打扮，特别朴素，从上到下看不出有什么名牌。他的逻辑是什么？为什么要穿名牌，名牌没有价值啊，我也不用穿给别人看。所以我觉得丁磊流露出来一种自信，一种不为钱财的自信。当然最后就是没想到丁磊把这个钱花到了养猪上面，这么一大笔投入，就连我这样对他还比较了解的人来说都觉得不可思议。

丁磊去养猪，我想他是不想把鸡蛋放在一个篮子里面。与其在这种高危的、有可能破产的行业里摸爬滚打，还不如到传统行业里做，为自己的资金找一个稳妥的增长空间。但是他养猪不是你们想象的那样：买一万头猪，然后把它们圈起来养。他找到了一个与众不同的养猪方式。他为了养猪，专门组建了一个团队，和他的助手飞欧洲、跑日本，在国内还去了很多地方。他到浙江安吉考察，请清华的设计师专门设计了一个豪华猪舍，还要调教这些猪上厕所，将来丁家的猪还会用抽水马桶。我也看过一个报道，丁磊的团队在西班牙考察——我也不知道为什么他选择西班牙——一般来说西班牙的女人比较有风情，没想到西班牙的猪比女人还要有风情。他在西班牙的一片橡树林里边，看到一群一群的黑猪沐浴着阳光，有躺着的、有跑着的，他觉得它们一个个都体健貌美，就开始相信这些猪的心情一定很好，可能是世界上最幸福的一群猪。

最近有一个记者在跟进丁磊养猪事件。正常养猪模式可能是一长条的围栏，每头猪只有很小的空间，吃喝拉撒睡全部在里边。然而丁磊设计的猪圈就有一个非常大的空间，大概每头猪都有差不多两平方米的活动空间，整个一个小公寓的模式。吃饭睡觉，包括排泄都有自己独立的空间，这样子的话，最后带来的效用就是能够让空气流通，让猪呼吸新鲜空气，保证猪肉的质量。这就是丁磊的出发点，养出健康的猪，能够让社会上的人吃上品质高的猪肉。

但做生意最根本的基础是什么？要赚钱。我们看一下，一头猪的成本在中国平均是 1 140 块，农民的利润差不多就 10%，也就是个 100 多块。如果按照丁磊的这种养猪方式，让它住最好的地方，让它沐浴着阳光，在树林里面用着抽水马桶，吃的也是好的，再给它按摩按摩，这个猪的成本，我相信 1 140 块肯定是打不住的，虽然现在我们还没看到丁磊的猪标价是多少，但是我相信丁磊的猪绝对是价格不菲。

| 陈光标卖空气 |

无独有偶，陈光标也做起了他的另类生意。2012 年 10 月 18 日上午，陈光标出现在全国糖酒会现场，在产品展示台向大家发放暖茶、凉茶等茶品，但与这些实物产品形成鲜明对比的，是陈光标 2013 年 9 月推出的好人牌罐装空气吸引了更多人关注。

最近刚刚听说过一个叫陈光标的人在今年 9 月份，突然向社会宣布，他要卖罐装空气，这个空气来自台湾、井冈山、香格里拉，一罐卖五块钱。这个新闻一出来我相信全中国的人都蒙掉了。在中国历史上还没有听说过有人要去卖空气，而且是用罐装这种方式来卖给消费者，这不只是另类，而是超出一般人的想象了。实际上空气、阳光是大自然赋予我们的最美好的礼物，是免费的。如果他可以卖空气的话，可能下一个出来就要卖阳光了。所以，当时社会的评论就是三个字：不理解。

更与众不同的是，他居然在空气罐子上印上他的头像，下面写着“陈光标好人”。陈光标这个人，其实我跟他还是有一定接触的，第一次接触大概在五年前，我们两个参加同一个论坛，陈光标就大讲他怎么去做生意，这个成功发家的历史他一直讲得很顺。第二天，我们又参加同一个会议，他又把同样的故事重新讲了一遍。两年以后，我们又参加同一个论坛，还是那个故事……10 年以后讲的东西可能还是一样。这个就是陈光标，讲故事的时候，永远热血沸腾，好像自己受了多大委屈，然后做成了一件很伟大的事情。更重要的一点是哪里有新闻哪里就有陈光标。他做过很多另类的事，砸过奔驰车，自己开过演唱会，商界开过演唱会的只有他陈光标一个人；当众在几百个人面前，拿着一百块人民币一个个发，然后举着人民币在那儿拍照；无论什么另类的事情，他都敢做。最近他又号称要给中国的诺贝尔奖得主莫言买别墅，然后莫言的爸爸讲："咱是农民，咱从小不拿人家的东西。"其实归根结底，我认为陈光标的策略就是吸引眼球。他所一直提倡的环保其实是不环保的，把空气放在易拉罐里，而且从很远的地方灌装，然后再通过长途运输到大城市来卖，其实是非常不科学的。

| 朱骏踢足球 |

另类生意中我最关心的是我的好朋友朱骏。朱骏从小就喜欢踢足球，所以他就投资了足球，成为上海申花队的老板。2005 年，第九城市董事长兼 CEO 朱骏以 300 万美元引进了风靡全球的网络游戏《魔兽世界》，这使他成为网游界的风云人物。但令所有人大跌眼镜的是，2007 年初，爱玩足球的朱骏出资 1.5 亿收购了著名的上海申花足球俱乐部，成为该俱乐部的大股东之一；同年，申花对阵利物浦，朱骏身披 16 号战袍亲自上阵，上演了惊心动魄的 6 分钟，成为英国媒体追逐报道的对象。从此，人们渐渐淡忘了朱骏的网游老板身份，更多的是把他和他的足球事业联系到了一起。

朱骏不只是要当老板，而且又当老板又踢足球，这就叫做把生意和玩儿非常好地结合在了一起。朱骏可能想做得更超前一点。我给大家讲一个几个月前的故事，我在上海四季酒店见到朱骏，就赶紧问他，这个足球好玩儿吗？他说好玩儿，刚开始确实觉得好玩儿，但是后来才发现这个现实很残酷，你一定要乐观。他说，唐骏我告诉你啊，我要是不乐观，我就玩儿不到今天，在中国做足球不只是要乐观，还要会忍。我说，朱骏你也不完全对，忍的不仅仅是你,在中国最忍的一批人是谁啊? 是像我这样的球迷。我不知道你们看不看足球,这个足球啊,一言难尽,我早就不看足球了。以前在学校上体育课,如果这个小孩子犯了错误,老师就罚他去那边做十个俯卧撑。现在听说老师不让做俯卧撑了,你犯了错误,那边看足球去,看中国足球。对于中国足球队的调侃也是层出不穷:“进攻基本靠走、停球基本靠手、过人基本靠吼、防守基本靠搂。”

所以,我见到朱骏就说,朱骏你为我们中国足球争口气。其实朱骏做足球是我觉得另类生意当中最赚的,因为他不是期待一个结果,他更多地是享受一个过程。同时,他对中国足球了解得淋漓尽致,他知道中国的足球运动员需要什么。2006 年,有一次,他的足球队跟别人在比赛的时候,比分 1∶1,到了中场休息时,朱骏拿了一百万元现金往球员面前一放,说:“我跟你们说,如果下半场你们赢球了,我这一百万的现金当场分给你们。”这些球员听了这句话,眼睛就冒着光,平时的奔跑速度和后半场的奔跑速度完全是判若两个队,真的是狼来了这种感觉,非常具有杀气。这种球队你看他踢球都爽,为什么? 这种冲动,这种拼劲,最后就是横扫了。当时把鲁能横扫得体无完肤,下半场 4∶0大胜鲁能。重赏之下必有勇夫,这个就是朱骏。他一直知道自己该怎么去花钱刺激球员和球迷,所以他不仅花钱,还会去海外请大牌,大牌大到阿内尔卡他都敢去请。阿内尔卡在西方国家还是有一定影响力的,这样的大牌没有几千万欧元是请不来的。其实朱骏他本身不是做足球的,他的主业是网游社区——九城。知不知道网游成本最高的是哪一部分? 就是代言,每个网游你都需要一个代言人,但是听说朱骏把阿内尔卡这些人叫过来,除了让他们踢足球,其中还有一个条款就是,你必须为我的游戏做代言。对朱骏来说,这个做法一举两得,我不仅仅让你踢球,增加了很多人气,未来也许能砸出来一个所谓的曼联,同时在你踢球的过程中,还让你代个言，把我本来就要花给别人做网游代言的钱又收回来了，所以朱骏这个人脑子还是有点不一样，非常“商人”。而且这个商人是会做生意的商人，同时也是会享受的商人，这是我对朱骏的评价。

丨华谊兄弟的主题公园丨

2011年，华谊兄弟董事长王中军宣布，将打造国内首个电影主题乐园，总投资30亿元，选址在苏州。消息一出，便引来诸多议论，与迪士尼近百年的历史沉淀相比，华谊作为一个真正成熟的电影制片公司还不到十年，华谊的品牌足以支撑一家主题公园吗？

王中军在今年5月份突然宣布，他要做商业地产，还要做主题公园。商业地产这个谁都知道，在中国做房地产是一个不错而且主流的生意，不能叫另类生意，但是对他来说，他去做一个电影主题公园，而且是要做成像迪士尼乐园一样，这个就让我们很多人不理解。因为我们在讲到主题公园的时候，你必须要有一个主题啊，你不能说我是华谊兄弟主题公园，那游客是冲着谁去呢？比如说去迪士尼，我相信大家一定是冲着米老鼠去的，因为小孩会喜欢米老鼠，里边的所有都是跟米老鼠相关的。你不能说因为我有几个大牌明星，比如说葛优，我冲着葛优去，里面有一个葛优的头像我去跟他亲一下，拍个照，这样的话形成一个主题公园还是有点儿勉强的。

其实华谊的电影都是基于创意，比如导演冯小刚，我们也经常在一起，包括我拍电影的时候，也跟他交流过，我觉得他们是有创意的，但是他们的创意更多的是语言上的，确实在语言的幽默程度上做得很好笑、很另类，大家都很喜欢，但是到目前为止，华谊兄弟拍了这么多电影出来，《非诚勿扰》

也好,《手机》也好,哪一个形象可以成为老百姓所喜闻乐见的形象?所以我们说主题主题,形象形象,一定是要有一个喜闻乐见的、大家见到他就喜欢的、大家做什么都会想到的,这才叫主题形象,像迪士尼里面的米老鼠、唐老鸭、白雪公主、七个小矮人,这是美国多少代人的记忆。人家有百年的历史,做出来一个主题公园。而我们看着主题公园赚钱、主题公园有影响力,咱们也来做,这就是我们中国人的一种经营模式,叫你有的我也有,我学得快着呢。我管这种模式叫做吃了激素的繁殖模式,其实在中国的很多地方都是在这么做,但是有一类东西你做不出来,我们说这种所谓的创意性东西,你是很难复制的。你需要什么?你需要通过几代人的沉淀,才可能去造就这种所谓的人物形象,让好几代人都喜欢的形象。

我觉得从生意角度看主题公园还是有那么一点儿难度,千万不要觉得你有我也想有,你有迪士尼,我有华谊兄弟的主题公园,这个确实是需要一个过程的,需要一个沉淀的过程。像朱骏这样的做另类生意的人只是期待一个过程,生意到底赚不赚钱其实他并不是特别看重。丁磊的贡献是他不仅仅创造了一个好的商业模式,更有着他的社会责任感,我还是很期待的。至于说陈光标这个卖空气的,对于我们老百姓来说,我们就把它当做娱乐新闻看看就好了。

04 海归，你还好吗？

中国最近的一次留学大潮始于改革开放之后，初期的老海归皆为公派，他们都是从各个高校和科研院所千挑万选出来的精英。而现在，年轻一代的小海龟却更多是以负面形象出现在公众面前。最近在某档求职节目中出现了一个被诟病的细节，求职者与发问者均为新一代海归，其中刚从法国归来的郭杰，在面试现场因为被评委质疑专业水平和语言能力，当场晕倒在台上。更乌龙的是，那位对他百般责难的年轻海归评委文颐，在与郭杰交流过程中露出马脚，被网友嘲讽语法错误连篇。另一位面容姣好的年仅 17 岁的海归女郎，还淡定自若地笑谈其在美国的两次驾车侧翻（交通事故）经历。此类状况近年间在国内时有发生，“小海龟”们的种种令人咋舌的表现，让大家禁不住感叹：“海归，你们究竟怎么了？”

| 海归的“种类” |

我觉得海归可以分成几类。第一类海归，他们有一个特点就是出国的时候基本上靠自己，回来的时候基本上不是博士就是硕士，所以我们把这类称为精英人才。这类海归以前是稀缺的，但是中国人有一个很大的本事，就是世界上什么稀缺，我们就大量生产什么。不是缺海归吗？海归有价值、受关注，那我就去生产海归。所以你看到，最近的10年当中，海归的繁殖速度简直吓人，像吃了激素一样的繁殖速度，于是有了第二类海归。第二类海归的特点一是年龄偏小，美国国土安全局做了一个统计，在2011年，中国去美国的中学留学生的签证数是2006年的10倍；特点二是他们出国基本上都是依靠父母；特点三是他们学的专业多是财经、管理专业，这和过去的海归形成了一种鲜明对比。

第二类海归中为了躲避中考或者高考而出国的不在少数。在国内，学生不仅要经历校内的高强度训练，课后还要经过各种英语班、跆拳道、钢琴课等补习班的锤炼。中国的孩子可以说是经历了综合知识的轮番轰炸，身经百战，充分经受了知识技能和抗压能力的轮番打造，正是在这样的环境中，国内学生不断摸索疏导压力、适应社会的方法，而借口中国教育落后，暂时躲避了步入社会前的种种磨砺的海外留学生，对于本土环境的适应性则会差很多。

从高中就出国求学的海归刘莉莉，还只能回到中国这块全球最大的就业市场来参加竞争。在参加某求职节目后，她被推到了风口浪尖上，在大吐真言后，刘莉莉又因为不适应国内交流方式，屡屡受到评委攻击，更有网友以夸张的表情演绎了刘莉莉的舞台表现。曾以《告诉你一个真美国》而广为人知的著名旅美作家陈燕妮说,回到中国的海归等于又出了一次国。海归们凌乱了。

所以有一种说法,海归第一年回来豪言壮语,第二年就默默无语,第三年就开始胡言乱语了。当然这是在调侃海归,确实现在的海归回到中国以后会发现他们和国内社会环境有一个很大的脱节,最大的原因是这些海归回来之后不了解中国的国情。他们都是十七八岁出去的,对过去几年的中国发展并不是特别了解,也就是出现了所谓的水土不服。另外,海归他们本身也有问题,对自己的期待太高。所以我觉得"海待"的出现,和海归本身的期待有一定关系,因为他们的价值所对应的能力与期待是不匹配的。并且当他们回来的时候,他们的价值也没有完全体现出来。

但是也有人说,我们对80、90后海归的要求太高了。为什么呢?比如说,像古代的使者,他只要带一本书回来我们就觉得够了。90年代初的时候,他们带回来一些思想理念,带回来一些科学技术,我们就觉得很厉害了。可是我们现在期待他们带回比思想、科技、书更多的东西,但是这些东西都在不断地饱和。再加上中国本身已经慢慢在跟国际接轨,无论经济实力也好,还是整体科技水平也好,包括财富也好,都和国外处在一个接轨的程度。所以,海归带一点点这种思想、带一点点所谓的技术回来,已经很难满足一般老百姓的需求。

|80年代的出国潮|

让我们来重温一下20世纪80年代的出国潮,改革开放使四散的视野伸向大洋彼岸。无数躁动的心被一句话吸引：西方遍地是黄金。很多人糊里糊涂地搭上了西方快车，糊里糊涂地做起了马可·波罗和利玛窦。据资料显示，从80年代到2002年这段时间，中国共有58.3万人出国留学，其中自费出国40.8万人，15万人学成回国，创办企业5 000多家，年产值超过100亿元，创造了一个新词“海归派”。这批海归在中国建设队伍中，至今仍是中坚力量。

我记得80年代在北京上学的时候，就有一个从国外回来的人，他来给我们作报告，讲述他在国外的所见所闻，说现在的美国每个家庭都有一辆车，甚至还有几辆车。当时我觉得怎么可能，你想想看，我们那个时候读大学，8个人一个宿舍，一个宿舍才一辆自行车，这个差距简直是无法想象。他还告诉我们，美国一个农民耕的地，相当于我们一个公社耕的地的大小。这个对我们来说真是一种巨大的冲击，所以那个时候我们觉得海外生活简直就是一个梦。

那时只要有老师上课的时候说一点国外的见闻、国外的衣食住行，同学就有兴趣听他的课。当时海归有一种光环，我1986年第一次回到中国的时候，我的亲戚、朋友、同学包了一辆大巴，从常州开到上海虹桥机场，有三十多个人来接我，那种场景我觉得是现在只有奥运冠军回国以后才能享受的待遇。所以当时的回国人员受到的重视程度，不只是一种时髦，更多的是受到了一种尊重。

我给大家一个基本的统计数字，在教育部所属高校中78%的校长是海归，中国科学院的院士当中有81%，中国工程院的院士有54%。我们关心的“两弹一星”工程奖章的获得者，23个人当中有21个是海归。早期的海归确实给中国带来了很多很多变化，确实当年海归的含金量和现在海归的含金量是不同的，并且那批海归的伟大之处在于他们是依靠自己的能力。

我举个例子，也是我非常要好的一个朋友，百度的创始人李彦宏。十年前，互联网刚刚开始的时候，他带回了一个引擎技术，这个技术在美国就是一个平均水平，并不是特别先进的。他通过这个引擎技术创建了百度，与谷歌竞争。因为本土优势，百度首先了解了中国市场的需要，做了一个 MP3 搜索引擎，受欢迎程度很高，结果大家都用百度来搜索 MP3，这使其在中国的规模一下子壮大起来，打败了谷歌。其实过去真的有很多很多类似于李彦宏的人，他们不仅带回了国外的先进技术，还带回了理念，通过各种方式改变着中国。

在中国商界，多数耳熟能详的企业家都是老海归，除了大家熟知的百度创始人李彦宏外，还有毕业于麻省理工大学的搜狐董事长张朝阳、求学于法国巴黎大学的新浪董事长汪延、就读于耶鲁大学的红杉中国基金创始人沈南鹏……老海归在中国改革浪潮中，立下了赫赫战功。

海归 VS 土鳖

海归确实创造了一些辉煌，但你不要忘了，在过去 30 年当中我们也培养了很多很多土生土长的精英，我们称他们为土鳖。什么叫土鳖呢？听上去有那么一点点贬义，但其实是一个褒义词。它是指在中国受教育，并在中国获得一定成就的人，我们把这样的人叫做土鳖。这些土鳖在过去的中国发展当中，创造了“摸着石头过河”的成功模式。反正这个水深水浅我不在乎，中国环境太复杂，土鳖没有也不需要所谓的“教材”。世界上没有一个国家在过去的几十年当中，能发展得这么快。没有教科书，那么只能凭着经验，也就是“摸着石头过河”的方式。所以海归回到国内和土鳖进行的这种交锋和碰撞，还是有很大压力的，中国本土出来的这些成功人士，他们有一种所谓的成功特质叫做“生意基本靠胆，锻炼基本靠走，管理基本靠吼，做事基本靠手”。反正电脑他们也不会，就是凭胆、凭走、凭吼、凭手，各个方面居然做得很好，这些对于海归来说，基本是不可思议的。

当然了，这所谓的经验主义，都是基于了解中国国情，适应中国发展，走出了一条适应中国的道路。其实在中国，确实有很多游戏规则，海归很难领悟，更不用说所谓的潜规则。我们在这里讲的潜规则并不是贬义的潜规则，而是一种思维方式，用这样的做事方式会更加适合中国的情况。我们刚才讲到海归回到中国的这种不适应，碰到了市场上另外一群所谓土鳖的人，他们非常了解中国的国情，他们知道在这个特定的环境当中，怎么去更好地满足客户需求、怎么去做好管理、怎么在市场中竞争，这些其实都很值得海归去学习，并且更重要的是学会融入进来。

据《中国留学发展报告(2012)》蓝皮书调查显示，1978 年至 2011 年中国共输出了 224.51 万名留学生，成为全球最大的留学生输出国；2011 年，留学生回国人数达到 18.62 万人，比 2010 年的 13.52 万增长 37.7%；2012 年，中国生回流人数已达到 23.03 万，累计回国人数达 104.87 万，新一轮的回国潮已经到来。在回国潮的冲击下，海归的第一份工作的年薪普遍不高，其中 36.5% 不足 4 万，67.2% 不足 6 万，是否拥有海外工作经验，成为海归薪酬的分水岭。调查显示，有一至两年海外工作经验，起薪可达到 14.9 万/年；拥有三年以上海外工作经验的海归，年薪可达到 22 万，比无经验的海归高出 15 万左右。软银亚洲投资基金首席合伙人阎焱曾指出，海归和本土创业者其实没有区别，创业的成功率高与否，与是否留学的关系并不是很大。而被称为年轻人的导师的李开复先生也表示，海归的优势已经减弱。

丨偏爱海归，土鳖需走国际化丨

我对海归还是有一点偏爱的，因为我们公司90%是土鳖，我希望海归可以把这个比例稍微变成90%到80%，甚至是变成60%，但这只是我的理想状态。当然在面试过程中，我们还是有标准的。从实际工作来讲，海归来工作的头一个阶段，他们的起步是很慢的。为什么起步慢？就是刚刚说的水土不服，所以他们需要一个相对较长的磨合适应的过程。但是我相信，等这些海归磨合适应过了以后，在真正发力的时候，他们的表现会很值得期待。但对于土鳖来说，我觉得既然现在中国是个大国，我们最终还是要走出去的，你用过去我们自身在中国的这些经验走到海外去，概率就很小很小，因为我们在这个国际的范围里有一个国际的游戏规则，或者说是商业规范，如果我们还是拿着中国的这种商业规范去和别人竞争的话，会输得很惨。所以用中国的经验适应中国的这种商业模式的同时，也需要去学习一些西方的游戏规则，这样才能让我们在与西方竞争时一直处于优势。经验主义管用，但是不会一直管用。

我还是很鼓励走出去，既然是国际化，你在北京读书和在纽约读书没有差别，就是一个时差而已，你在北京无法感受到一种氛围，一种文化，一种深层次的东西，或者说隔着一堵墙，或者说是隔着一层纱的感觉。有机会还是应该走出去，国外毕竟有很多先进的技术、先进的理念，国内目前还是有一定的差距。对于那些技术类留学，我们应该放更多的人去留学。如果你真的是为了躲避高考，或者说是讨一个光环，我觉得这个价值，或者说至少从投资的价值来说，不是那么值。

在中国这个充满机会的沃土上，我相信，我们需要海归，因为海归给我们带来的不仅是知识和经验，更重要的是一种理念、思维方式，还有国际商业的一种规范。当然，海归也需要了解中国，了解中国市场，不能用简单的教条主义。这样才能够更好地发挥他们在国外所学到的东西，运用到中国的市场上来。当然，对中国的土鳖来说，在中国的这个特殊环境中，我们成功过，不代表会一直成功，因为中国是一个大国，大国要和国际接轨，我们光凭过去的方式，很难赢得未来。在今天这个时代，我们希望海归和土鳖都能发挥他们的固有价值，他们各有各的长处，各有各的优势，他们只有互相学习，才能共同发展。

05 盛大私有化："退"一步海阔天空

前几天我和盛大的前高管小聚了一下。当我和盛大的高管聊起盛大私有化的时候，其实我还是有点儿伤感。盛大上市的整个过程，我是参与了的。回想起盛大的上市过程，其实是艰难、曲折，甚至还有那么一点点惊心动魄。

2004 年 2 月，盛大集团以 260 多万股股票期权力邀时任微软中国区总裁的我出任盛大集团总裁。同年 5 月，我带领盛大在美国纳斯达克成功上市。7 年后，盛大集团创始人兼董事长陈天桥宣布将回购除了他跟他妻子、胞弟三人持有之外的所有盛大股份。盛大集团从美国退市，并开始私有化，如同当初登陆纳斯达克时引起的关注一样。此番退市，让它成为近 5 年来，中国第一家在美国资本市场实施私有化退市的中国互联网公司。作为国内互联网娱乐的巨头，盛大上市时有哪些轶事，如今又缘何选择退市，今天就由我这个盛大前总裁来一一揭秘。

|“流血”上市却又急流勇退|

我还记得当年盛大路演时，在短短的12天的时间当中，走了6个国家，奔波了15个城市，最后一天定价的时刻却出问题了。当时的承销商美国高盛公司，跟我们说现在整个互联网的环境不是特别好，所以希望我们的定价是11美元。而盛大的心理价位是15美元。我还记得我们在高盛纽约的办公室里，和在盛大上海办公室的陈天桥开了一个电话会议，这个价格他很难接受。为什么呢？因为这个价格远远低于当时盛大给自己定的价格。但是为了大家的努力不致付诸流水，还是上市吧，这就是盛大“流血”上市的由来。其实在盛大上市的那一天，我真的是很激动，因为我觉得我完成了一个很伟大的使命。

2004年5月13日，比预定时间推迟了一天，美国纳斯达克，一只中国游戏概念股，盛大互动娱乐终于掀开了盖头，开盘价是11.3美元。所以，当我们聊起盛大私有化这个话题的时候，真的有一点点伤感，这也是我们今天想讨论的一个话题，即海外上市公司的私有化。

很多中国的企业选择去国外上市，现在回忆起来依然非常地惊心动魄。但是为什么这些中国企业经历了这样一个艰辛的过程，上市之后，最终还是要选择私有化？盛大不是第一家退市的公司，更不会是最后一家。盛大宣布了私有化之后，很多很多的公司，像我们熟悉的分众传媒、阿里巴巴、7天酒店等等都要退市。更神的是在美国当地时间2012年10月15日，3家在美上市的中国公司同时宣布退市，它们是胜达包装、绿润集团和永业国际。三家公司均公告称已收到了董事长和相关机构的现金私有化邀约。同日，在新加坡上市的国内速冻食品巨头思念食品也发布了拟私有化退市的公告。仅10月份，包括7天酒店、飞鹤国际、利展环境、九城关贸等在内的中资概念股均提出了主动退市申请。据统计，2012年以来已经有超过20家中概股公司提出了私有化退市，其中12家已经成功退市。退市好像突然变成了一种时尚，更重要的一点，这是多米诺效应，盛大一退市，阿里巴巴、分众传媒一系列公司都会选择私有化。

其实我觉得任何做企业的人都有一个梦想。这个梦想是什么？就是想把公司做成一家上市公司。所以如果说选择上市只要考虑一分钟的话，选择私有化则需要一百天的时间来考虑。陈天桥的理由很直接，他不想做重大决定的时候既要顾及上市公司的一些规范，又要顾及每个季度的业绩报表。总而言之，就是想做大事做不了，手脚都是被捆绑着。现在私有化后，他们自由了，可以做自己企业真正长期打算做的事情。至少我相信，凭我对盛大的了解，我觉得盛大私有化一定是陈天桥想通了，做一家公司的老大，再也不要去看别人的眼色。

| 海外上市的内幕 |

如果企业的老总都要一个自由度的话，那在选择上市的时候怎么就没想到这是一个必须要承担的后果呢？其实我们说，上市当然是有利有弊，这个利很明显，第一，上市可以进行融资，可以增加资本实力，资本永远是一个企业最重要的核心竞争力。第二，知名度大大提高，一家上市公司，很多人都会关注你，知名度和信用度也会提高，银行也会更痛快地给钱，这一切带来的种种后续效益让大家都想上市。第三，股东的股份也可以流通了。过去是一张纸变成了股票,而这个股票可以最终变现。

盛大去美国上市的时候,有没有考虑过A股市场呢?有,但是当时像盛大这样的公司,在A股市场是不能被认可的。因为当时大家还不是特别了解网游,中国的市场对互联网也是概念模糊。第二个障碍就是A股上市需要三年的盈利,那时盛大还没有三年盈利的业绩,因为互联网是爆发性的,一旦盈利很快盈利,但是它预期又很长,所以有些上市最基本的条件,一般互联网公司是很难达到的。所以这个时候,我们选择了在美国上市。更重要的是,美国它认同你的商业模式。美国人最喜欢你给他讲一个故事。

我当时给美国人画了个大饼,我说:"你看,中国的网民现在是1.5亿,未来会增加到3亿,可能到5亿,这个想象空间是在的,对不对?然后有多少人开始玩网游,未来我觉得这个量会像指数一样不断增长。"

美国人看过后就会很期待,现在不挣钱没关系,两年之后挣大钱,这就是美国人的思维方式。相对于中国比较严格的审批制度来说,美国比较容易注册,企业很容易在那边上市。而且美国上市听起来也很美,说出去,我们是美国纳斯达克上市的公司,当时我在盛大的时候,这一点名片上都会显示,一听上去就是一个很正规的公司,有一定的光环效应。

但是大家要注意,美国的资本市场不是残酷,而是十分残酷。什么是十分残酷?就是当你的公司不能继续去给美国人讲这个未来宏伟故事的时候,你的价值就会被低估的。并且在美国的上市公司,股票的流通量非常非常低。我们做过一个统计,中国A股的换手率几乎都是美国的五倍到十倍这个样子,就是中国的每一只股票不管被关注程度高还是低,换手率都很高,而且交易量非常活跃。但是在美国,包括一些很有名的公司,它们的股票交易量都很低很低,比如阿里巴巴,它的交易量每天就那么五万股、三万股,这对于这么大一个公司来说几乎是没有交易量的,这就意味着这个公司的股票等于是死水一样，上市和没上市没有什么太大差别，所以很多人对这个股票的流通量是非常非常揪心。因此，当时我在盛大的时候，一个非常重要的任务就是提高盛大股票的活跃度。为了提高活跃度，我们不断开各种各样的新闻发布会，全世界各地地飞，只要有投资论坛，我就代表盛大去讲，盛大是一家什么样的公司，到最后我到华尔街，挨家挨户地去宣传盛大，之后我把它命名为唐骏的“二次路演”，这个名词是我创出来的。

| 唐式“二次路演” |

2006 年初，盛大宣布采用免费游戏战略，消息一出，其股价一度暴跌至接近发行价。当时我就跟中国的媒体说我要去华尔街做“二次路演”，目的就是提升盛大的知名度和活跃度。其实当时没这个词，但如果我说去宣传盛大，好像听上去不是特别好听。所以我带着免费游戏概念到华尔街路演，刺激了投资人的信心。两周后，盛大股价上升到 20.5 美元。次年 9 月，我为盛大到华尔街进行第二次路演，使得低迷的股价再次受到华尔街投资人的追捧，到我离开时，盛大的股价已经从 26 美元升至 37 美元，直接让其市值增加了足足 8 亿美元。

其实我只是个劳工而已，因为我只是用各种方式来让别人知道盛大，来了解盛大。如果别人根本不了解，人家不会来炒你的股票。不炒你的股票，你的股票就没有办法实现活跃。即使是基本情况非常好的公司，也不一定会受到市场的持续关注。在路演后，盛大的股票在纳斯达克的活跃度，要比其他中国的股票活跃至少五倍。

在美国上市要比在中国上市的监管程度严格得多，你说的任何一句话，特别是形成文字的东西都要通过律师传达。所以当时我们在盛大的时候，我们对自己披露的每一个信息、每一个新闻稿，包括我去做路演的幻灯片，律师都要先过一遍，然后再听我讲一遍，要恰到好处，找不到任何瑕疵，才会让我去到美国做路演。你不能随便说，如果你说我们公司明年会有很大的业绩增长，好了，万一你没有做到就有人告你。我想你们也听说过有一家在美国很有名的浑水公司，它的任务就是专门去找中国上市公司的瑕疵，找到一点点瑕疵然后它就发一个报告，报告一出，因为美国没有跌停板，不像中国只可以跌10%，美国一夜之间可以让你从100块的股票变成1块钱的垃圾股。所以在美国的资本市场，今天还是个亿万富翁，明天就可能是个穷光蛋。

|前有严格规则，后有做空机构|

面对"浑水"、"香橼"等做空机构的猎杀，2011年，中概股折戟沉沙，共计20余家中概股被停牌或退市，有关中概股"涉嫌财务造假和欺诈"、"遭遇集体诉讼"等新闻，持续占据着各大外媒财经的头版头条。2011年11月，浑水在分众传媒三季度报表发布后的一周，抛出一篇长达80页的做空报告，其后4个月，分众传媒积极应对浑水的做空报告，双方五度交锋，在经历了股价断崖式下跌后，分众传媒于2012年8月宣布私有化退市。

浑水公司5次炒作分众传媒，江南春发火了，老被人盯着的感觉真是不好受。我惹不起你还躲不起吗？干脆就不跟你玩了，直接退市。同时，要知道维持一家上市公司成本很高，在中国维持一个上市公司，几乎没什么成本，一年花个30万至50万就足够了。但是你在美国做一家上市公司成本非常高。首先,审计,美国的上市公司规定必须是美国的四大会计事务所的客户,然而四大会计事务所的年审费基本上都是在100万美元以上,一分钱都不能少。还有刚才说的律师费,你想每一个文件、每一个演讲稿律师都要看一遍,律师费很贵。还有一个就是保险,所有盛大的高管和董事,盛大的公司都要帮他们买一大笔保险,因为美国人喜欢诉讼,高管要承担责任,公司为了保护这些高管,所以花很多钱去买一个根本用不上的保险。这样一来,上市的维持成本至少在150万美元一年,这个负担是巨大的。

所以很多中国企业虽然选择了去美国上市,但是当它发现这个成本很高,又受到很严厉的监管,没有交易量,估值还那么低,最终还是想退市。同时,上市公司总裁的精神压力是巨大的。我做总裁的时候,最关心的是什么?就是这个季度怎么办。季报做完以后的第二件事,就是下个季度的增长点在什么地方,你永远要去找下个季度在什么地方可能有增长。

你不能随便去做投资,因为资本市场用眼睛看着你,它说你这个收购是亏本的,那么收购不但没有给你带来正面效应,还反之带来一种负面影响。特别像陈天桥这样有责任心的老板,压力就更大了。我知道他是经常睡不着觉的,睡不着觉的原因是什么?就是想怎么样才能把每个季度都做好。

丨退出,不代表没有未来丨

但资本市场不是你想来就来,想走就走的。你来不容易,你走更不容易,你是要付出代价。我们看一下这几家公司,私有化让它付出的代价是多少。以盛大为例,盛大的情况我是非常清楚的,刚才说的盛大上市的股价是11块,然后陈天桥宣布他想私有化,他提出的价格是41块。

根据协议，盛大网络 CEO 陈天桥，以及其妻雒芊芊和其弟陈大年，以每股 41.35 美元的价格，收购在美国发行的美国存托股份，总计约 23 亿美元，收购完成后，盛大将成为私有化公司，不再于纳斯达克挂牌交易。私有化后，盛大网络不仅可以摆脱美国股市对上市公司的种种制约，还可以把更多的精力和财力放到拓展和实施公司长远计划的项目上去。至于选择在合适的时机回归 A 股，让盛大网络展现自己公司真实的价值，这同样有很大可能。

包括分众传媒也好、7 天酒店也好，其实他们出的价格都要比当初上市的价格高出那么一点。也就是说中国现在的这些公司，最终还是亏了钱，去把它做成私有化。当然我觉得对公司来说可能是亏了，但是对小股东来说，他们还是获得了投资回报，也是应该的。在这个方面我觉得盛大做了一个榜样，这样的话大家都会觉得，中国的这些上市公司都是有责任心的公司。

我其实也看到报道说，有些 PE（私募基金）公司其实已经看中了这些在美国被私有化的企业，对它们进行投入，因为它觉得这些在美国上市的公司一定是有实力的，它退市之后我来投资它会给我产生很大很大的经济效益。不管你是上市公司也好，还是私人公司也好，只要你这个公司有价值，只要你产生利润，无论是上市或者是非上市的公司，其实大家都会愿意去投资。

因此，不能说一家上市公司私有化后，公司就没有了价值，或者说没有了未来。刚刚我们做了一个叫“解密盛大的私有化”的过程，让我们了解到其实做一家上市公司真的不容易，美国上市确实有很大压力。但是千万不要忘记了，在美国上市也给我们带来了很多机会，当你的公司处在一个初始阶段，有很多的想象空间，或者是可以讲一个非常好的故事的时候，我们还是建议应该选择去美国这样的资本市场进行融资。因为相对来说，去美国上市会来得比较简单、比较容易,所以我们还是鼓励更多的中国企业去海外融资,只有通过资本运作的方式才能增加自己的核心竞争力。我们看到很多公司最终选择了私有化,但是私有化不代表这个公司到了一个发展的瓶颈。我相信像盛大这样的优秀公司,在未来的企业发展过程中会做得更好。

06 洋企业，中国心

联合国贸易和发展会议最新发布的全球投资趋势监测报告显示，2012年上半年中国吸引外国直接投资591亿美元，是吸引外国直接投资最多的经济体。中国人的生活也渐渐被这些洋品牌包围。这些洋品牌不仅有着中国元素的“外衣”，更都有颗“中国心”。请仔细想想，早晨起来，你可以在本来卖炸鸡的洋快餐厅肯德基里买到地道的中式热粥外加两根油条；午餐过后，你可以到星巴克点一杯江南人心仪的碧螺春；晚上下班，无论你是开宝马还是驾奥迪回家，都能发现这两个洋品牌专门为喜欢气派的中国人特制的加长款。的确，在德国本土很难见到宝马或奥迪屁股后面带个表示加长车型的“L”。外国企业想要吃到中国市场这块蛋糕，就必须放低身段来迎合中国消费者的口味，然而，这个浅显的道理微软公司似乎才刚刚明白。

|我与王志东的故事|

2012 年 10 月 23 日是一个非常特殊的日子,因为这天微软公司举世瞩目的产品 Windows 8 在上海首次亮相,两天以后微软公司才在纽约发布了 Windows 8。把一个最重要的产品的首发放在了上海,并且上海发布会的现场又是舞狮子又是写对联,这反映出了微软高管在反复强调中国的市场和用户是多么的重要。微软可以说是很早进入到中国的外资企业,而且据我了解微软是一个非常强势的企业,但是它的这个行为让我思考,到底外企是怎么看待我们中国市场的。

改革开放到现在,从第一批外企进来已经差不多二十年的时间。其实它们在进入中国市场的过程当中经历了很多波折。刚开始来的时候我觉得它们就是有一种优越感:“我是美国来的”、“我的产品你中国没有”、“我的这些理念你中国也是没有的”……这些思想是完全以我为中心的。早期的微软 Windows 3.1、Windows 95 等等中国拿到的中文版本比英文版本要晚 6 个月,甚至要晚 12 个月,而像其他版本,德文版、法文版、日文版几乎跟微软的英文版一样是全球同时发布的。为什么?它根本没有把中国市场看得那么重要,你更不可能想象现在的 Windows 8 全球首发是放在中国,这真是不可思议。

“中国没有市场”,这是我 1994 年加入微软以后感受到的微软高管对中国的印象。而我的想法是,中国这么大的市场你不重视,这对微软来说肯定是没有长远眼光。当时有一家公司叫北京四通利方公司,这家公司是做什么的呢?它是一家专门做多内码处理技术、用以支持中文语言标准的公司。

Windows 3.1 中文版比英文版不是晚了 12 个月吗？好，Windows 的英文版发布以后，我就装一个四通利方的软件，装在英文版上然后它就变成了中文版的系统，所以四通利方卖得很好，因为微软卖多少套，它就能卖多少套，当时四通利方成了非常有名的一家公司。我加入微软以后，我说这么一个中国的市场你不做，非得要去晚那么 6 个月到 12 个月从而失去市场先机，很拖沓。所以我提出了多语言的引擎计划，用了这个引擎以后就能保证微软的中文版系统和英文版系统可以同时发布。我记得 1995 年的时候，我见到了王志东（四通利方的创始人），我跟王志东说："我们现在做一个引擎，一旦我这个引擎做好了，你这个软件就没有必要存在了。因为中文版和英文版同时发布，你过去是打时间差，现在没有时间差了。"王志东还是非常聪明的，马上转型去做了新浪公司。

早期的微软根本不把中国市场放在眼里，各种软件的版本无法在中国同步发行，而如今在中国这个遍地黄金的市场中，微软这位曾经财大气粗的外来者也不免要弯腰逢迎。此次微软公司把 Windows 8 系统全球首次亮相的地区设在上海，已经表现出对中国消费者的极大诚意。不仅如此，在销售策略上，微软也首次尝试中国化策略。一直以来，微软在中国的销售渠道有一种是出售盒装的 Windows 产品。然而在国内，来自 PC 端的预装占据了 Windows 正版产品销量的绝大多数，很少有用户在购买裸机之后再去购买盒装产品，所以此次 Windows 8 取消了盒装产品在中国区的销售。尽管如此，许多业内人士还是表示，微软对中国市场的这份重视来迟了。当初有多少人因为 MSN 各种功能滞后转而投奔更了解国人需求的腾讯 QQ。而在不久的将来，你也许会在桌面删去 MSN 这个快捷方式了。

| MSN 的溃败，盖茨当初没听我的 |

我当微软中国区总裁的时候，国内有两大通讯软件巨头，一个是微软的MSN，还有一个是中国腾讯公司的 QQ。当时微软 MSN 的市场份额要略大于腾讯的市场份额，但是我当时做了一个研究，发现腾讯的增长势头很猛，因为腾讯有一个功能是微软没有的，这个功能是什么？和陌生人聊天。中国人可喜欢这个功能了，中国人平时含蓄，可一到网上以后，含蓄的人再也不用含蓄了。这个功能成为腾讯 QQ 当中最重要的功能，而当时 MSN 没有这个功能。很多人一知道腾讯有这个和陌生人聊天的功能就纷纷从微软MSN 转移到腾讯 QQ 上，为此我很着急。

当时我们都知道即时通讯工具将来是互联网上一个非常非常重要的领域，所以我马上就跟总部汇报，总部没人理我。其实一般的员工真的不知道我们做高管的苦处。为什么呢？员工有时候可以按照领导的要求，领导说什么员工做了就可以了。但是做高管要做两件事，第一，跟下面沟通；第二，跟上面沟通。我当时跟美国的总部沟通非常难，因为你跟美国总部沟通时他们用的是美国思维方式。

然而事情发生在中国，我要用中国的思维方式来跟他们进行解释，可这两种思维方式终究是不搭界的，硬要把它们凑在一起，我就被夹在中间进退两难。美国的价值观跟我们不一样，美国人的思路很简单，比如说男女结婚，对他们来说其实就是两个年轻人搬到一起去住了，这叫结婚。中国人的结婚不一样，在中国，你不是跟我一个人结婚，你是跟我全家结婚，这个意义是完全不一样的。

当时我在微软找到盖茨。我说，盖茨，我希望在MSN当中加一个能跟陌生人聊天的功能。他看着我说，你知道MSN这个产品是全球统一化产品吗？我说我知道，而且微软也不会为任何一个国家做任何改变。我提前把他想要说的说了。我说中国有一个很大的市场空间，但他又说，市场的空间你能收费吗？我说这个我不知道。他说你能保证我给你增加这个功能，未来就给我带来足够的利益吗？我说这个我更不敢保证了。他说你知道吗，为了增加这个功能，会改变微软产品的全球一体化战略。我说我知道，但是我心里想，这不正是微软需要改变的吗？但是那个时候我弱了，因为他毕竟是盖茨，他在微软公司是一个神一样的人，我一个中国区的总裁，我怎么也不敢跟他顶嘴，更不能拍着胸脯说："没事，你增加这个功能，未来我给你带来多少收入，带来多少用户，为微软带来怎么样的盈利。"当时我是不敢的。结果大家都看到了，QQ的市场份额越做越大，而MSN沦落到很小的一部分市场中去了。当时有网友发表了对MSN用户体验的看法，称其体积臃肿、广告繁多、本土化服务不良，和腾讯QQ相比几乎没有优点，以至于多数用户潜逃至QQ。天涯社区高级副总裁叶萌认为，微软MSN在中国市场的处境艰难，根本原因在于认为中国市场不重要，所以本土化不足。

后来，MSN在中国市场的情况非常不妙，腾讯QQ以72.97%的市场占有率居首，阿里旺旺和飞信则分别以12.15%和6.27%的市场份额紧随其后，而MSN市场占有率仅有4.95%，排名第四。微软正式宣布2013年第一季度将在全球逐步终止MSN服务，并将所有用户转移到去年收购的Skype上，可以说，微软的MSN时代似乎接近尾声。

|肯德基和麦当劳，外企也要吸取教训|

几年前我跟盖茨有过交流，那时我还在微软，我跟他说了关于 QQ 与 MSN 竞争大战中我的一些个人看法。他看着我笑了一下，没有承认他的失误，而是用回避的语气说："这就是一个市场，This is a market。"当然之后就不了了之了，我也不能紧跟着说你犯了一个错误，因为你的错误导致 MSN 没有在中国占据很大的市场。其实这也是好事，给了微软公司一个深刻的教训——产品的非本土化导致了观念的非本土化，观念的非本土化导致了价值观的非本土化，这使得微软在 QQ 与 MSN 的大战中成了失败者，得到了一个血淋淋的教训。所以微软如今的态度 180 度地大转弯，做了 Windows 8 的中国首发。我们都知道，就算是外地的媳妇嫁到上海总还能学句"侬好"，而微软公司不远万里来到中国，如果不慢条斯理地喝口中国的功夫茶，不摇头晃脑地品一出《贵妃醉酒》，又怎能明白中国人的心思呢？尽管这话大有"顺我者昌，逆我者亡"的意味，但面对中国庞大的消费群体，洋企业只能心向中国。

其实现在有很多外企也展开了中国的本土化策略。电脑软件如此，饮食文化更是如此。肯德基和麦当劳，这对餐饮业的"冤家"在产品中国化这一问题上表现不一。比起固守核心产品汉堡包的麦当劳，肯德基本土化战略已经步入正轨，它的米饭系列和油条稀饭似乎更受到中国消费者的青睐。在中国快餐类市场上，外企有麦当劳、肯德基。在中国，相对来说肯德基要成功一点儿，因为中国人喜欢吃鸡，在麦当劳就没有那么多鸡类的食品可以供选择，因为老美更喜欢吃牛肉。同时，肯德基所属集团百盛餐饮还在中国推出了类似东方既白这样的中餐，让中国人尽可能地有更多选择。肯德基和麦当劳在中国的竞争格局给我们带来一些反思，或者说提供了一些经验，那就是本土化对市场的拓展有很大影响。

肯德基也付出过代价，肯德基刚开始进入中国大陆市场之前它是要进入香港市场的。然而在香港刚开始销售的时候，第一，它的鸡肉做得不是那么地道，并不适合香港人的胃口。第二，它的这种快餐模式水土不服。中国人和美国人的思维方式是不一样的，美国人吃饭当做什么？吃饭是为了填饱肚子。中国人吃饭是为了美食，是为了舌头，这两个追求是不一样的。比如喝咖啡，同样是咖啡，美国人或者西方人喝咖啡是为了找咖啡因的这种感觉；然而中国人是把它当饮料来喝，就是渴了就想喝咖啡。对于饮食而言，中国人喜欢坐下来静静地享受吃饭的过程，美国人就是吃完我就要离开。这导致当时的肯德基在香港做得并不是很好。20世纪80年代进入中国大陆以后，它吸取了在香港失败的教训，开始做本土化。所谓肯德基的本土化：第一，团队本土化，让华人来做管理层，因为外国人一定不会了解这个国家的食品，更不会热爱，那么他们就很难去做食品的开发工作。第二，肯德基到了中国大陆以后增加了很多很多的中国元素，加入了许多中国食品，西兰花也有，黑木耳也有，连豆浆、油条、粥都加进去了，这个就是本土化，在真正意义上了解了中国人的饮食习惯。而麦当劳，还是选择了纯粹的西式美食快餐。

同时，它们的销售模式也不一样。当时肯德基、麦当劳在美国本土很少做加盟的，但中国人有一个特点是谁都想当老板，所以肯德基在很早的时候就开始了加盟模式，这使得它在很短的时间把市场扩得越来越大。而麦当劳坚守做直营，那么它的扩展相对来说就慢一点。所以在中国，肯德基的店面数是4 000多个，而麦当劳只有1 400多个。其实在美国市场，麦当劳才是真正的快餐老大，它光在美国就有 14 000 多个门面，肯德基在美国反而只有 5 000 多个，整个是颠倒过来的。可以说中国文化帮助了肯德基的成长，本土化之路最终大大超过了所谓的美国式经营模式。

本土化是肯德基在中国的战略创新，也是必走的战略之路。如果没有本土化转型，肯德基就不得不与“死敌”麦当劳在核心产品汉堡包和炸鸡腿上死磕，这正是洋快餐在中国发展的“死穴”。如今，肯德基的华丽转型既打破了洋快餐产品同质化的局限性，又迎合了中国传统餐饮营养健康的理念。肯德基“中为我用”的策略创新将麦当劳远远地甩在身后。如今，在肯德基吃米饭已不再是什么新鲜事了，而固守西式快餐的麦当劳是否会重走微软的老路，我们静观其变。

微软进入中国已经有 20 年的时间了，这 20 年的过程中，它的产品、价值观、文化都给了身处中国的他们一些血淋淋的教训。当然，同样我们也看到了像肯德基这种公司，它们通过本土化战略在中国的市场获得了巨大的成功。这两个成功和失败的教训告诉我们，一个企业到国外进行市场拓展的时候，首先是要融入这个国家的当地的文化中去，了解当地的价值观，了解当地消费者的习惯，这样才有可能在当地市场获得良性发展。

07 华为：中国巨舰震动国会山

刚刚结束的美国总统大选，让我们这些外行人看足了热闹。我个人的感受是奥巴马当了总统以后也挺累的，比如说最近他有一个麻烦，中国有个公司叫三一重工把奥巴马告上了法庭，因为奥巴马政府出台了一个法令，禁止三一重工的美国子公司收购美国的一个风电厂，理由很简单，就是威胁美国的国家安全，这个好像怎么都扯不上关系，一个风电厂跟美国的国家安全扯在一起了。这还不是第一个类似案例，最近我们还看到一个，是什么呢？就是我们这期的主题——华为事件。

2012 年 10 月 10 日，美国众议院情报委员会经过 10 个月的调查，发布了一份冗长的调查报告，认定两家中国高科技民营电信设备与软件企业——华为和中兴的电信设备，对美国国家安全存在威胁。尽管报告并未提供确切证据证明其结论，但却强烈建议美国政府主要网络运营商都不要采购华为和中兴的设备，此份报告引起了全球媒体的重点关注与广泛报道。

| 连美国都害怕的华为 |

美国的国会阻止一个中国企业,而且发布一个国会报告出来,这听上去很多人会觉得对华为来说是很坏很坏的事,但是其实我们应该从另一个方面来看,美国人开始意识到中国企业的强大了。实际上,这次美国政府对中国两家企业史无前例的调查,除了背后的政治博弈之外,对于正在全球扩张的华为和中兴而言,也是一次进一步参加全球竞争的磨炼。如果华为不强大,美国国会怎么也不可能会发布这么一个报告出来,按照华为老总任正非的说法:“我们最终还是要走向全球化的体系,遇到美国的障碍是很正常的。”

对一般老百姓来说,华为真的不像万科、联想这种全中国人民都知道的企业,很多人还真的不知道华为是做什么的。第一是不知道做什么,第二是不知道做得有多大,大到什么程度,连美国国会都怕。凭我对美国公司和华尔街的认识,为了一个中国公司大动干戈用得着吗?竟然发这么一个国会报告来阻止一个中国公司的发展。到底华为有多厉害?

华为现有员工 14.6 万名,其产品与服务遍及 155 个国家,服务全球近 30 亿人口,在美国、德国、瑞典等地设立超过 20 个研发中心, 2012 年上半年华为销售收入达 1 027 亿元,一举超过爱立信成为全球销售额第一的电信设备制造商,并在移动宽带市场连续 5 年位居全球第一,在全球安卓智能手机中排名前列。在欧洲,华为不仅是英国电信等巨型运营商的核心设备供应商,而且还将欧洲总部迁到了英国,在德国、法国、荷兰以及整个欧洲大地,华为的身影无处不在,其强劲的增长势头无疑令美国感到恐惧。

美国的这些老牌伙伴，比如英国也好，德国也好，法国也好，这些国家华为的设备都进去了，你说美国有安全威胁，难道英国就没有安全威胁了吗？德国就没有了吗？那为什么英国、德国、法国都没事，偏偏就美国有事？这里面我觉得，与其说是美国人安全敏感度的原因，不如说美国人商业的危机意识很强，它就觉得我美国的通讯市场不能被一个第三方的国家侵占，那么我就从纯粹的商业角度来阻止华为。而且有一句话叫做得美国市场者得天下，在电信方面一直有这样的说法。

所以你看，其实美国的市场对华为来说是一个非常重要的主市场。美国思科公司 CEO 钱伯斯曾经说过，有人问他，谁是你最大的竞争对手。他说，25 年前我们就预测到，这个竞争对手一定来自中国，这个中国的公司就叫华为公司。所以现在就知道了，美国国会在起草这个报告的背后一定有那么一个影子在怂恿，这个影子是谁？思科公司。

| 华为与思科的暗战 |

在长达 58 页的美国众议院调查报告中，唯一出现的华为的竞争对手就是思科。此报告提到思科是因为有证据显示华为漠视美国公司和实体的知识产权。至此，这份报告中所有关于国家安全等指责终于落到了实处：这次报告的出台，背后其实是一场长达 10 年的思科与华为的战争。2002 年，正是华为初次大举进军美国市场之时，总裁任正非提出，“雄赳赳，气昂昂，跨过太平洋”。彼时，华为的数据产品性能与思科产品相当，但价格却比对手低 20% 到 50%，初到美国市场的华为锋芒毕露，在美国媒体上刊登的广告咄咄逼人。也是在这一年，面对气势汹汹的华为，思科迅速起诉华为，从知识产权诉讼开始，两大电信公司的战争，从地下转向地上，从暗战到公开。

思科公司公开表示说，华为就是它的竞争对手。我们再来看一下思科到底做了什么。美国的第三方公司做了一个报告，思科公司在 2011 年花费了 280 万美元用来游说。微软也是需要游说的公司，我在美国当高管的时候也知道微软是怎么游说的。美国的公司在做游说的时候一定会找到一个让议员可以来帮助它的理由。但它绝对不会纯粹地说，你帮我打打这个华为吧，这个华为太厉害了，价格太低了。它不会的。它一定会说，华为侵犯了我的知识产权，或者就是刚才我们提到的，更绝的，华为破坏国家安全，这样的话，议员可以为了国家利益做一些相关工作，名正言顺。并且思科公司也发布了一份报告，它发给美国的各大企业，微软也收到了，报告中它告诫美国的企业，你们千万不要和华为这样的公司合作，它用的理由是什么？华为会侵犯你的知识产权。思科的游说方式很不一样，它跟议员讲国家利益，跟公司讲知识产权，非常会“对症下药”。你只要和华为在一起，完了，你的知识产权就有可能被华为窃走了，所以在这个上面思科是动了很多脑筋，通过各种方式打击华为，目的就是一个，美国市场我就是不想让华为占去。

我们看一下华为是怎么从零开始做到今天这样的，牛到什么程度，牛到你美国国会出报告来阻止我的市场进入。我和华为有一些渊源，华为的掌门人叫任正非，他是中国的企业家当中最神秘的，从来不参加年会，人物的评选和富豪榜也好，都不参加，按照中国人俗称的话是叫低调。2003 年，我和一个朋友约在信产部的一个很大的办公室里面。他给任正非打电话，他说任总，我想给你介绍个人，这个人叫唐骏，想跟你过去交流一下，看看你们之间有没有合作的可能性。任正非说可以啊，让他过来吧。就这样一个星期以后，我到了华为，任正非从早上开始接待我，给我讲述华为是怎么发展起来的。我见到任总的时候就很惊讶，为什么？因为那个时候，2003 年，华为已经是一个非常知名的企业，但是感觉他像个农民一样，为什么说他像个农民呢？他穿着一件很普通的衣服，袖子挽到胳膊上。那个时候的企业家，袖子挽到胳膊上的，我真的还没见过，特别是像这么大的企业家，这说明他不拘小节，非常地不拘小节。他把我请到办公室里面，说：坐，直接告诉我吧，你有什么想法？他的这种军人作风非常雷厉风行，给我留下了很深刻的印象。

| 华为技术创新，脱颖而出 |

1987 年，军人出身的任正非，在深圳一手创建了华为，主营小型程控交换机，交换机的高额利润很快吸引了更多企业介入，不到半年时间，仅深圳市就出现了大大小小上百家代理公司。过多企业的加入使竞争日益激烈，导致整个行业走向没落，而早已看到这一情况的任正非，将华为每年销售收入的 60% 拿出来开发新产品，甚至不惜借高利贷开发技术，使华为能够打破技术壁垒，撕开电信市场的利润空间。从 2 万元人民币起家到 2011 年收入规模超过 2 000 亿元，任正非带领着华为人从默默无闻到世界第一。

这个就是人跟人之间的差别，这叫什么？这叫胆略。你想想看你就是个卖交换机的，他想什么，他自己来开发交换机，结果没花多长时间，他居然也研发出来了，当年所谓的模拟交换机。当时任总跟我说，我们也做了一个交换机出来，做的交换机连样子都不如别人的好看，复制别人，肯定不如别人。你说能卖得出去吗，卖不出去。但是华为走了一条什么路？我这个交换机不是做得难看吗，功能做得不是不好吗，但是能用，那怎么去用法，很简单，中国这么大，城市我们玩不了，我就到农村去卖，华为的战略就是农村包围城市。

我听说他还有一个中国式的做生意方式，比如说你现在没有钱，没有关系，等你有钱了再付给我。当时华为的策略很简单，做通信的都是国家单位，就是电信局，所以他把这个机器就放到电信局里去，跟电信局领导说，拿着用，不好用，你就扔了，好用你就继续用。但是交换机经常出故障，性能不稳定，于是华为的应对战术就是每一个县派一个人，人海战术，真正意义上做到了 24 小时服务。

高科技企业什么最重要？人才，需要大量的人才！我在微软的时候，我也去大学招聘，我去大学招聘的最大竞争对手，是谁呢？华为。按照一般情况来说，竞争者应该是跟我们同类的英特尔、IBM 这些公司，但是后来才发现我们一直在和华为竞争，为什么呢？因为所有的员工，我们面试他的时候都会问你拿到了其他公司的录取通知吗？每个人都会和我说，我已经拿到录取通知，这个录取通知是来自于华为。当时有很多在交大、清华、复旦读电子工程系的学生都可以去华为，因为华为对他们的态度就是只要你去，我就要你，所以他们都觉得，毕业之后我可以选择去华为，因为华为有很大的热情，愿意招收人才。从 2000 年开始，华为从全国各大高校广揽人才，到什么程度？到疯狂的程度，现在再也看不到这种疯狂了，没有一家中国公司会这么做：就是在那个年代，1999 年到 2003 年，每一个清华大学的学生都会收到一张华为的录取通知书。这就是华为招人，只要你是清华理工类的大学生，每个人都会收到一张华为的正式录用通知书，不要面试，不要笔试，它们的口号是，只要是清华人，我们华为都要。这么一个招聘广告，这种方式让华为一下子招聘到了很多很多优秀人才。像很多清华的学生，交大、复旦这些优秀的学生，都进入华为，所以华为变成了一个真正意义上的中国的电子电气通信相关的黄埔军校。不然它的这个技术哪里来的，一定是靠人来研发。既然招了那么多优秀的人，刚开始肯定要经历一个过程，去学习别人，到后来就自主创新了，我们也看到这个华为在后来的自主创新方面做得甚至比思科还要强。截至 2011 年底，华为累计在全球申请专利近 4 万件，其中国外专利 1 万多件，在 2008 年，全球专利申请公司排名榜上，华为首次将多年的卫冕冠军荷兰飞利浦挤下榜首。

|“狼性”管理，农村包围城市|

华为的人进入了华为以后，工作的热情程度是一般人无法想象的。我不知道你们听说过没有，我去过华为我知道，华为有一个文化，叫“床垫文化”。华为提倡每个员工把公司当成家一样，吃住行都在公司。那怎么才能做到住在公司呢？我觉得肯定要准备一张床，但床放在公司又太大了，那就不如买个床垫吧。这就是我们所说的华为的“床垫文化”，你加班到晚上 12 点以后，你可以住在公司。华为为了让员工有一个好的睡觉环境，就给每一个员工提供一个床垫，这就是床垫文化的由来。我到华为参观过，华为的员工办公桌边上有一个小卷子的，卷的是什么呢？后来我问了一下这个是什么东西，感觉像一个睡袋，他说不是睡袋，是床垫，原来华为的这个床垫文化就是这么出来的。特别是在早期的时候，当时的公司规模并不是很大，十年前的华为，几乎每个人都可以领到一个床垫，这个床垫你可以用，也可以不用，但是告诉你想用的时候一定在——这个床垫文化造就了今天的华为。

华为还有一个很有特色的地方，叫狼性管理。国外叫科学化管理，任正非提出叫狼性管理，这个从我们外企来说，我觉得狼性管理很奇怪，你想狼的本性是嗅觉性很强、反应很快、群体战术，就三大特点，他就要华为的价值观或者管理模式,按照狼性的这种方式：嗅觉很强,行动要快,抢占市场非常快。

华为的嗅觉强到什么程度,我当时在微软曾经做了一个很好的模式,这个模式叫做新员工培训,我把它叫做魔鬼营训练,只要进过一个月的魔鬼营培训,出来的人都是精英,真的是完全改变你的价值观、你的行为方式、你的规范,包括你的外表,甚至你的面部表情。我不知道是什么原因,任正非看到了这个报告,然后呢,我印象很清楚,第一次和华为打交道是什么时候?就是在 1998 年,他们居然就派了人到微软来,主动找到我们说,他们想学学这套所谓的微软式的新员工培训机制。

华为另外一个出色之处就是市场战略：他们的思想是先打入世界的农村。世界的农村是哪里？非洲、亚洲,所以他们首先进入的是亚非拉这些国家,把这些市场先占了。然后下一步是什么？下一步是进入到欧洲,它进入欧洲的时候,也是农村包围城市。在欧洲也有农村,欧洲的农村是哪里？东欧、南欧,所以先把东欧南欧吃下来,然后再渗透到中欧西欧。这完全是农村包围城市的方式,非常见效。同时,华为还有非常值得我们中国企业来学习的品牌战略。中国的企业品牌在国外等于没有品牌,但是华为采取了一个当时非常重要的战略,就是合资战略。它收购了另外一家做通讯设备运营商的叫 3Com 的公司,成立了一家华为 3Com 公司,后来它们又和赛门铁克公司也成立了一个华为赛门铁克公司。它不断地和世界知名品牌的公司来组建新公司,吸收的不只是技术,同时借用他们的品牌打进其他国家的市场,增强自己的核心竞争力。

华为能成长到今天,无论从人才、技术、市场、还是品牌,都做到了可谓是空前成功。今天的华为让美国人都担心了,我希望中国有更多像任正非这样的企业家把中国的企业推到世界舞台上去,让更多美国人来担心,让美国国会发出更多报告来说中国企业对它们已经构成威胁。

08 电商混战,路在何方?

2012年11月11日凌晨第一分钟,有1 000万人瞬间涌入天猫商城,相当于一个中等西欧国家的全部人口,热情的消费者迅速拍下了数十万计的羽绒服、iPhone、洗发水、白酒乃至纸尿裤等等。37分钟,支付宝交易额就突破了10亿,面对交易量暴涨,多家银行网银系统表示压力山大。是什么让大家熬夜也疯狂?答案就是“双十一购物狂欢节”,这一天淘宝、天猫成交额超过191亿,相当于20个香港的单日零售营业总额。上网就知道买衣服?你错了,“双十一”,天猫还通过网络卖出了3 700套房子和600多辆汽车。担心物流不给力?别担心,全中国跑在路上的物流车辆有超过二分之一在为“双十一”服务,而负责派送包裹的快递员更是突破80万,每7个中国人就有1个参加了“双十一”。经过中国电商“奋力挖掘”,11月11日这个在四年前还被中国青年单纯戏称为“光棍节”的日子,已经成长为“电商年末最后一役”的征战日。在这场战争中,究竟谁将获得最终胜利?谁又是这场战争的牺牲品?电子商务的未来将向何处发展?

| 光棍节：电商的盛宴 |

于刚，“1 号店”网上超市的掌门人，被称为“电商黑马”。他的经历甚至已被沃顿商学院作为 MBA 课程的案例。他带领成立近四年的 1 号店，销售额从 2008 年的 417 万蹿升到 2011 年的 27.2 亿元，成长率达到 192 倍，员工数量从当初仅仅 2 名创始人到现在超过了 6 400 人，注册用户超过 2 000 万，更为重要的是，“1 号店”已经和世界第一的零售巨头沃尔玛联姻，从超市化全面转向百货化。

从消费者角度来说，“双十一”一定就是要打折扣对不对？确实如此。比如我们去超市，为什么货柜上的东西我们会反复不停地去看，你看的不光是它的成分和功能，你还要看它的价钱，然后你选择一个性价比最高的。所以消费者的比价是一种非常正常合理的行为，也是一种乐趣。

价格战是电商基本的“进攻武器”，京东通过图书价格战顺利进入图书销售领域，而当当发起的 3C 产品价格战试图冲击京东的主打产品。可以说国内电商公司要做任何事情，最先想到的都是价格战，想要进入一个新的品类要打价格战，想要扩大规模也要打价格战，想要更快地大规模获得新用户更要打价格战。2012 年 8 月 15 日，京东发起了一次大规模价格战，目标直指天猫和苏宁易购，最终这次价格战以商务部的出面而停止，而其最大意义是让消费者明白了价格战并非意味着低价，更多地只是一种吸引用户的手段。天猫的“双十一”也是一场价格战，其主要活动还是以低价来吸引消费者，因此其他电商也都在“双十一”后进行了大规模促销，目的就是分流“双十一”的用户。

价格战打得最厉害的其实就是电商，我很好奇，原来我做互联网游戏，游戏没有价格战，卖点卡，一小时两毛钱，全国统一，大家都靠内容来竞争。但是电商不同，因为它最简单的促销方式就是价格，吸引客户的方式还是价格，核心竞争力还是价格。可以说只要一个行业把价格作为核心竞争力，基本上这个行业会被做滥。所以大家都在做差异化的竞争，比如1号店，他们的总裁于刚说他们是从不打价格战的，甚至不参与价格战。他们是运用非常科学化的管理方法去管理价格，然后在不同阶段用不同的价格策略，用这样的方式去保证他们的价格总是在业界前三名。

1号店不高调地打价格战，因为这样会提高顾客对1号店的价格期望值，这点是很难兑现的。因为你说你的价格很好，顾客真的来了，发现价格不是那么好，他会不满意；而如果你的价位真的很好，到时候顾客来了没货，他还是不满意。所以1号店的第一原则是什么？低承诺，高兑现。不去掀起价格战，但是用价格模型科学地管理价格，使得他们的价格总是有竞争力。

| 价格战的"火拼" |

中国的电商，当当也好，京东也好，每一家都在亏损，但是大家还是在做价格战。其实电子商务像一汪清澈的湖水，看起来很浅，等你跳下去才发现很深。它是一个非常复杂、非常难的行业，并不是只要挂一个网站就能销售，里面牵扯的很多方面跟传统零售行业有本质区别。比如呈现商品的方式是不一样的。电商有几大优势是传统零售业没有。第一它不受地域的限制，一个网站可以服务全国，覆盖全国，甚至全球。第二它不受时间的限制，它可以“7×24”小时服务，半夜三更你也可以下单。第三它不受货架限制，你所有的商品，增加商品只是增加了服务器。还有一个非常重要的优势就是大数据，有顾客的实时信息可以对客户进行分析，同时，登录网站后客户怎么搜索的、怎么收藏、怎么购买、关联度等等信息都是传统零售业很难得到的。通过对数据的分析，你可以建立顾客的行为模型，你可以给顾客做精准化的营销、可以为顾客做很个性化的服务，这些是传统零售业所不具备的。

但是电商做了那么多年没有一家挣钱的，让我们看不懂。到底是人力成本太高，还是说这个模式有问题？一个传统的超市，它大概在开业之后两年时间开始盈利，这是一个传统的超市。然而一个电子商务，全球最成功的电子商务亚马逊，7年多以后才开始盈利，但是一旦盈利之后，它就一发不可收拾。亚马逊是一个神话，它连续亏了7年，然后后面两年开始挣钱了，后面两年挣的钱居然把前面7年亏的钱全部赚回来了。所以大家很多人“哗”就跳进了电子商务，可是我觉得在中国你亏7年，两年是挣不回来的。中国和美国有点儿不一样，亚马逊在美国是一家独大，而且还不是简单地做电子商务，它还有自己的品牌，还有自己的一系列产品。

“天猫双十一”促销交易额191亿元；11月13日，擅长价格战的京东商城再次获得融资4亿美元；同一时间，亚马逊中国CEO王汉华的离职成为定局。这三件事放在一起，或许正是当下中国电商行业的真实写照，远离价格战的亚马逊中国作为拥有完善的系统管理、后台仓储、物流能力的外资电商，在中国却遭遇了水土不服。亚马逊总部美国的看法与中国电商业界的声音一致，王汉华错过了中国电子商务大跃进的时机。

我记得中国的第一批电子商务公司，有个公司不知道大家是否还记得，叫“8848”，这是中国的第一家电子商务公司。记得我当时手下的微软公司副总裁要去创业。我问去哪里？去“8848”。我说为什么“8848”那么吸引你？他说你想想看，就像刚刚于刚说的这个不受时间、地域、货架的限制，未来想象空间无限大的空间，我只要开一个店，全中国人，他当时和我说：12亿人口，一人买一件衬衣，一件衬衣赚一块钱，那就是12亿。当时这是一个很大的梦。当然最后“8848”还是失败了，为什么失败呢？因为毕竟做电子商务，水看上去很清，其实太深。供应链也好，仓储也好，物流也好，你想做大，你就得投入，你做小反而挣钱。你自己开个淘宝店，几乎没有人赔钱的。说我如果在上面只是小打小闹，卖一些衣服之类的，那可能就赚点儿零花钱吧，绝对赚钱，但是如果要做大的话，可能就是一条挺寂寞的路，你需要挨过好多年才可以盈利。

| 学会融合，创造价值 |

电商的创业是一个很亢奋的过程，是在创造价值。电子商务必须按照正确的商业模式去做，如果按照错误的商业模式是不健康的，不可持续的，比如价格战，这是不可持续的。电子商务是一个规模的游戏，规模越大，早期大量投入的成本会摊薄，在物流设施上面、系统上面、人才上面，这些投入都会被稀释。它是一个逐渐演变的过程，从没有多少谈判能力的阶段，然后逐渐地寻找到二级供应商到一级供应商最后到厂家，像我们现在直接对接很多这种全球性的大商家，我们是战略合作伙伴，比如宝洁、可口可乐、联合利华、百事可乐。他们基本上也把你们当成一个一级供应商来对待了。

按照于刚的说法，1号店是宝洁中国最大的线上销售渠道，他们是有个团队与1号店的团队直接对接。这样他们就有了很好的议价能力，简单来说就是说你规模大了，然后议价能力强了，同时你把运营成本再降低，这个时候你就可以控制价格了。

未来的1号店，以及其他电商肯定是越做越大，因为他们的理念就是给顾客提供这种一站式购买、足不出户，又有成千上万种丰富商品可供选择的服务。未来的电子商务，小的网站基本上是没戏了。2012年，B2C在整个电商的比例已经达到70%，以后这种大的商家将越来越有优势。因为它有这种规模优势，有很规范的系统。中不溜秋的是最尴尬的，因为它又必须用价格来竞争，但是又没有达到规模效应，最终结果就是烧钱，所以最没办法的是处于中间的人，他们必须把自己做大。

2012年，“整合”成了电商的关键词。10月30日，当当网正式在天猫开设店铺，其图书、日用百货类目分别以旗舰店形式入驻，由此，当当网成为天猫实行开放B2C战略以来最大的商户。腾讯电商则宣布在2013年3月将QQ网购和易迅联姻，而QQ网购则会放弃自身品牌，转用易迅的品牌。整合资源、扩大规模成为各大电商在未来行业竞争中占据有利位置的手段。

如今的电商有几种趋势。第一是综合化，你以前看到门户就是门户，游戏就是游戏，电商就是电商，社交就是社交。现在你可以看到很多互联网公司都很综合化，它集新闻、娱乐、互动和购物为一体，这是一个趋势。第二个趋势就是越来越多的商品的服务虚拟化。虚拟化最早的是机票，机票你可以直接到机场换，直接登机。以后会越来越多，好比各种各样的景点门票、电影票等等都可以转化为二维码发到你手机上面，你就可以去兑换。还有一个就是移动购物，因为移动购物可以充分利用人们的碎片时间，可以随时随地购物。

|电子商务，无处不在|

如今移动购物很多，2011 年初刚刚推出“掌上 1 号店”，到 2012 年已经积累了 600 多万顾客，占总销售额的 5 个点左右。它的发展趋势基本上是两到三个月就可以翻一番，所以说我可以预见将来的手机购物应该占“1 号店”销售额的 20% 至 30% 的比例。这是一个很明显的趋势，移动终端，我们把它叫做移动终端的模式。马云做了一个大胆预测，预测什么呢？他把它叫做 C2B 模式，什么叫 C2B？就是我直接根据用户的需求，你们想要什么样的东西，我把大家的需求都归纳起来，然后告诉厂家，你为我生产这个；或者说我来设计一个自营品牌，然后让商家做好了以后直接来销售这种模式。如果你有自己的品牌，利润率会很高，毕竟是自己的品牌，没有可比性，这是独家来做的。

当电商有大量用户的数据和客户的需求信息，而且商家根据需求按单定制，商家可以有效地控制库存，而且提高利润，这才是电子商务的最大的一个优势。现在比如 Zara 也好，优衣库也好，很多品牌是不断地根据客户的需求，做一些比较适合时尚的产品来卖，库存很少，周转很快。如果你能在网上用很短的时间把客户的需求统计出来，甚至订单都拿到了，你再去生产，我相信，这是比传统商业模式有更多优势的一种模式。

17 年前，于刚还在美国当教授的时候，学院的一个杂志就请他预测，将来 20 年的时间，技术上和生活上有什么样的改变。他当时做了一个预测，现在看起来稍微超前一点，他说将来电脑是无所不在的，可能像手表一样戴在手上，可能是像眼镜一样戴在眼睛上面，甚至就植入到皮肤里面，你可以用声音来控制,甚至用思维来控制。现在他又做了一个预测,认为将来电子商务也是无所不在的,每一个商家都会多多少少地介入到电子商务,它也许自己做电子商务,也许借助别人的平台做电子商务,也许外包给别人,或者代运营商去做电子商务。

作为"双十一"的最大赢家,天猫掌门人马云在督战"双十一"时讲了这样一段话:"双十一"购物狂欢节是中国经济转型的一个信号,新的商业流程和商业生态系统将对传统商业系统进行一次革命性颠覆,就像狮子会吃掉羊,这是生态规律,游戏已经开始。在马云看来,"双十一"并不是天猫对电商业内的大战,而是新的商业系统对传统零售渠道发起的挑战,一旦传统客户对电商的体验成为趋势,商业格局的改旗易帜就水到渠成。

我们需要更多的是用户体验、价值,包括品牌。这也是和你的实际生活密切相关的,所以我们展望电子商务的未来,我觉得真的很有信心,因为这是未来的趋势,不做电子商务基本上就是落伍,无论你是厂家也好,还是商家也好,哪怕你是消费者也好,电商就是我们未来需要去努力的一个方向。

09 Mysee：80后的创业败局

中国人都有一个情结，叫做老板的情结，很多人天天梦想创业，因为创业就可以变成老板，但是你不知道，在创业的过程中，有很多很多的艰难，会经历很多很多的失败。所以我们是不是可以找到一些失败的案例，去避免一些弯路，这是很多创业人所关心的，也是我们需要来共同探讨的一个话题。赛伯乐的创始人朱敏被誉为硅谷创始第一人，也是华人的硅谷创始第一人，在硅谷创建了很多公司。本文案例就跟他有密切的关系，是他曾经投资过的一家公司叫"Mysee"——高维视讯公司。

丨一次看似稳赢的投资丨

毕业于美国斯坦福大学的朱敏，曾经创建美国著名的网讯公司，并使之成功在纳斯达克上市，市值高达数十亿美元。如今身为赛伯乐创投基金董事长的朱敏，凭借其在互联网音视频数据、通讯技术等领域的独到眼光，被美国媒体和硅谷业界誉为“未来技术预言家”。在朱敏已投资的500多家高科技公司中，已上市公司的总资产超过1 000亿美元。而正是这样一位识才伯乐，他所看中的高维视讯公司却在短短两年间创始人离职，网站关闭，究竟是什么原因让这家受到风投青睐的公司走向没落呢？

2005年，中国的视频网站产业刚刚发展起来，其中就有红极一时的视频网站高维视讯。朱敏当时觉得互联网的第二次革命要来了，认为在视频这个领域里一定会有一家伟大的公司走出来，所以那个时候他就看中了高维视讯。高维视讯当时是做得最大的，我记得当时周围的人都会去用高维视讯，因为它上面有很多像凤凰电视台、湖南卫视、上海电视台等大台的直播和节目，然后还和美国的HBO合作，所以你能在上面看到很多很新的电视剧，还有电影，剧目非常全。高维视讯在早期，商业模式已经挺成熟了。2004年成立的高维视讯公司，是国内最早进行P2P视频直播研发技术的公司，通过与各个电视台和上海文广等众多强势媒体合作，其数字节目的数量和质量，一度领先于国内同类视频网站，其商业模式成为优酷、土豆等后来者学习的典范。然而就是这么一家走在前沿的网站，为什么在优酷、土豆大行其道的今天，却已经没有一席之地了呢？

我们都知道，在创业的过程中商业模式是最重要的。所以朱敏在投资的时候，他同样也是认可高维的商业模式的，觉得高维视讯已经是一个可以持续发展的公司。在一个已经非常看好的市场里面，有这么一个比较合适的商业模式是一个大前提。朱敏觉得高维视讯有了成功的大前提。但是还有一点也很关键，就是创业者，高维视讯进入我们视野的时候有两个创始人，一个高燃，一个邓迪。这两个人大家都觉得是完美组合。为什么把它叫做完美呢？因为这两个人一个是技术专家、一个是营销专家，两个人是很好的搭配。同时，朱敏和高燃都是清华的高材生、校友。并且高燃是农民出身，农村长大的，按道理说创业的基因很强，是能说会道的清华新闻系的学生，适合做媒体。所以当时大家都觉得，只要加上邓迪这个非常踏实的技术专家，他们联手在国内做视频行业肯定是一流的。

| 高燃的"高"调 |

从清华大学新闻系本科毕业的高燃，在短暂从事了一段媒体工作后，2004 年开始创业。次年，他和清华校友邓迪的公司合并，成立高维视讯网，两个人一个负责技术，一个负责营销。这在投资人朱敏看来，正是创业公司的黄金组合。然而，拥有这样完美的创业者团队的高维视讯，为什么最终仍没能在互联网的大潮中脱颖而出呢？我当初看到一些报道中提到过高燃，他大概是中专毕业没有读高中，花了半年时间，到农村自己复习，然后就考上了清华。所以他这个人还是蛮另类的。在一般人看来，中专毕业了再去考清华可能性不大，他去努力了，居然还考上了清华。

朱敏一开始跟他接触，就感觉到他身上有一种很执着的力量，你能感觉到他是一个创业者。因为创造一个企业，第一需要商业模式，第二需要人，第三个看中整个公司里面的一个完整的团队。当时的高燃什么都有，他甚至有当时中国最好的一个技术团队，搜狐的一个团队整个都加入到他的公司，所以情况看起来是非常完美的。

朱敏在考核这个公司的时候，在技术方面，他觉得已经具有一定的核心竞争力。照理看上去，这是一个完美的创业型公司。我也觉得很疑惑，好像各个元素都具备，很多人都会说这样的公司失败的可能性很小。当时我们忽略了一点，存在于高燃和邓迪之间：朱敏他们都以为这两个人是在同一个公司的，后来才发现事实上他有两个公司，两个人不是一家公司的，在朱敏投资以前，他要求他们赶快把两家并在一起。

毕业近四年，创业近三年，高燃已经从投资者手中获得了1 000万以上的风险投资，与同为创始人的邓迪一起管理着一支100多人的技术团队，与谷歌、搜狐等知名企业相提并论，这一切对于一个二十出头的年轻人来说，总觉得有些不真实，然而发生在高燃身上就显得很是顺理成章，"高燃是个有心人"，一些前辈如此评价他。在创业路上如此顺风顺水的高燃为何最终走到了关闭网站的境地？

我跟高燃有那么几次接触，都是在做央视的创业电视节目时。那个时候高燃在中国是一个大明星，80后的创业明星，80后的亿万富翁。大家都觉得，哇！这么年轻，才二十几岁。那个时候创业就像英雄一样，他又能说会道，善于包装自己。2005年，我经常在媒体上看到高燃在讲他创业成功的故事，后来再想想，其实那时还没成功，只是开始。那个时候媒体把他包装成80后创业成功的偶像。其实这是一个光环，刚开始高燃的动机还是对的，他想怎么花最少的钱把市场里面品牌做出来，依靠媒体传遍千家万户，毕竟他自己就是新闻专业的嘛，但是后来他过头了。

|前车之鉴，高燃的启示|

即使是高维视讯最后的失败，也没有遮挡住创始人高燃的星光，今天打开搜索引擎，高燃的词条里面依然充斥着他那神话般的创业故事。据《创业家》报道，高燃无论走到哪里最关注的都是自己的知名度和形象，只为自己做市场，不为公司做市场。他到处演讲，宣扬自己所谓的创业成就，但极少推广公司业务。在宣传中,高燃总是默许媒体夸大事实,很快融资 100 万就变成了融资 1 000 万,而他也非常享受成为融资成功的媒体楷模。但融资者很快意识到投错了人,高维视讯的三个投资方先后撤回了继续投资的意向,公司的运营陷入了资金短缺的窘境。

当时朱敏给了高燃很多自由,美国投资和中国投资的差别在于美国投资通常是让创业者放手去干,所以朱敏还是遵循了美国的规则。我那时听说,高燃的公司在几个月里烧钱烧了几百万。举个最简单的例子,他们的公司会把许多非常简单的问题都给忽略掉。比如找个办公室,找家装修公司来装修,买张什么样的沙发,这些问题就是我们说最最简单的,招标、谈判、项目管理的过程,他们都没经历过,或者说不会做、没心思去做。高燃当时有两个最大、最严重的问题,第一个就是他频繁的曝光让他反而不脚踏实地地做事情了。第二,他的频繁曝光,导致他跟他的创始团队产生一些摩擦和矛盾。

清华启迪科技大厦 A 座 6 层, 900 平方米的办公区,曾经是高维视讯公司的所在地,装修考究,宽敞明亮,仅办公室装修就花去 100 多万元人民币,还要花大量的资金购买视频内容, 8 个月时间,高维视讯就用掉了 200 万美元的投资款。而作为创始人的高燃,也从不亏待自己,西装革履,办公室周围每开设一家新餐馆,高燃总是第一时间跑去品尝,他说喜欢做“第一个吃螃蟹”的人。朱敏当时就感觉到,高燃花钱的速度根本不像一个创业公司的做法,创业公司就像我们那个时候一样,一个铜板恨不得掰成两个来用。创业的成功与否真的取决于你是不是融了一笔钱,现在很多人,比如我微软的很多员工,他们也去创业了,然后他们跟我说,唐骏,我融了一大笔钱。可能一百万美元、两百万美元对他们来说是很大一笔钱,其实他们只是刚刚开始而已。所以我通常强调,就是创业的公司,一定要给它饿在那边。

你看一只狼，只有饿着的时候，它的眼睛里才有狼性的东西，它的眼睛是碧绿的。哪个地方看到能吃的东西，嘴巴马上就张开来去吃，它才去捕食的；如果给它喂饱在那边，它躺在那边，什么都无所谓。高燃这个创业者，已经没有创业的激情在里面了，他已经完全迷失了，自己对自己也不可控了，然后他们两个创始人也吵得不可开交，下面整个团队摇摇摆摆，风险非常大，所以这个情况下，朱敏觉得实在不能够再投钱进去了。

| 摸着石头过河 |

作为最早获得投资的视频网站之一，高燃和高维视讯无疑是当年的创业明星，被誉为80后财富新贵。然而，就是这么一家拥有资金支持、良好商业模式和优秀团队的视频网站先驱，最后却无奈成了互联网时代的又一个先烈。在投资人朱敏看来，以高燃为首的一批80后互联网创业者，将获得风投错误地当做了创业成功的终点。正如乔布斯的那句名言，求知若饥，虚心若愚。对于年轻的创业者而言，这也许才是真正的成功法则。

还是回到高燃的高维视讯的故事上，团队之间出现了磨合不良，创业就会出问题。他们的办公室比我们的还豪华，不会管理钱的人，去招募一个豪华的团队，在不需要的时候，你把很多高端的人才吸引过来，非常不合时宜。在我印象中，高燃自己的个人生活也过得不错，听说是开着豪车，实际上他们那时候还没有盈利，拿到的投资的钱也不是特别多。

企业在创业的过程中，其实就是摸着石头过河，在迷宫中行走，所以一项很重要的技能就是企业的学习能力和应变能力。可惜的是，高燃没有把握住机会，高维视讯的失败也是他人生中的一堂课。我鼓励年轻的创业者，但基本的技能要靠学习别人来获得，事实上大学生应该先去公司里面打工，去学基本的谈判、基本的招标、基本的项目管理和看基本的财务报表的能力，然而高燃他们连一个最简单的财务预算都做不出来。我相信这就是很多年轻人在创业时会面临的一个问题。现在很多人就是不去上班，一毕业就想直接创业。我认为，等你有了一定的积累以后再去创业更加合适。我的未来是想创业的，但是我可能花一到两年的时间去某个地方学这些基本的技能。如果创业者连一些基本的技能都没有掌握，谁都没有耐心从零开始教他们。

同时，不要把钱和精力花费在无用的事情上，创业者始终要想到你的钱是不够的。饥渴感和危机感一定要在那里，这对一个创业公司是非常重要的。我们刚才聊了很多创业的过程当中所遇到的问题，我们把高维视讯公司从零开始的这段经历进行了很深刻的分析，也提出了很多在未来的创业当中可以避免的问题。创业需要一个很好的团队，需要商业模式，需要资金，这个过程我们是摸着石头过河，一个创业者一定要学会应变，没有人告诉你应该怎么做才能在这个过程中保持创业的热情。

IO 拉手网：资本“疯投”下的团购泡沫

2010 年 3 月成立的拉手网曾是中国最大的团购网站之一，开通服务城市超过 400 座。2010 年交易额接近 10 亿元，并且仍以每月 100% 的速度成长，在不到 1 年的时间里，拉手网从几十人扩充到 2 000 人，两年内又扩充到了高峰时的 5 000 人，并且在号称“千团大战”的团购市场脱颖而出，成为团购网站的三甲之一。然而形势随即急转直下，2011 年全球金融环境开始紧缩，在美上市中股受到重创，IPO 市场也相应受到挤压，此前拉手网设定的快速上市模式就此破产了。于是，拉手网不得不缩减广告并裁员，同时传出其创始人被架空的消息，让此前一度浩浩荡荡的团购大军遭遇了一次滑铁卢。

|资本的游戏|

如今，团购变成一种时尚，中国在 2010 年至 2012 年这两年当中居然有将近6 000家团购的公司注册。其中有一家公司叫拉手网，我想很多朋友都知道，但是拉手网在两年后从巅峰走到了没落，这中间到底发生了什么？本文将试着揭秘团购这个行业。

在杨镭（曾经投资拉手网的华山资本的创始合伙人兼总经理）所有的投资项目中，他最满意的莫过于拉手网。拉手网创始人吴波是杨镭的清华校友，投资吴波，从有意向到做出决定，不超过两个星期，其间他们只见过三四次面，商业计划书都没有，进入拉手的时候估值100万美元，而拉手网最高峰时的估值达到11亿美元，账面上的估值回报率达到1 000倍，然而就是这样一家让杨镭信心满满的创业公司，如今却让他颇感失望。

投资里面有一些很简单但重要的理念，就是要寻找一个潜在的巨大市场，当时众人都认为团购是一个巨大的市场，当然后来又出现一个新的概念叫O2O，就是线上到线下，这也是一个被投资界和创业界非常推崇的概念。拉手网刚出来的时候，大家还是蛮震惊的，因为那时候居然周围的朋友告诉你去一个团购网站买东西，可以比平常便宜很多，比如说可以买一些女性用品，连SPA都可以团购。团购兴起之初，这种将线下服务与线上购物结合起来的新兴电子商务模式迅速点燃了资本投资的热情，而对于蜂拥而至的“热钱”，创业者也迷失了方向。据清科数据库统计，2010年至今团购行业共发生43起投资事件，获投总金额约为7.2亿美元，其中2010年共发生20笔投资，投资金额约为1.40亿美元，2011年共发生15笔投资，投资金额约为5.34亿美元；而作为团购网站的领头羊，拉手网在两年间收到的风险投资高达1.6亿美元。

在上海，如果说餐馆，可能有几万家，发廊和SPA或许有几千家，它们都面临两个重要的问题，第一它们规模都很小，不会在电视和杂志上做广告；第二，在广告行业老说一句话就是当你花出1块钱的时候有5毛钱肯定打水漂了,但问题是你不知道哪5毛钱打水漂,也就是说就算做了广告,也不知道客人是听了广告来的还是通过其他途径来的;而团购恰恰把这两个问题都解决了。团购不仅仅给商家做广告,而且做广告的同时,只要客人来,你还可以知道客人的信息来源途径,所以从这个意义来讲,团购在整个广告领域的概念上是一个很大的突破。

| 团购的“疯投” |

团购本身的商业模式是没有问题的,那么主要问题在哪里? 主要问题在于技术门槛太低,我自己随便建一个网站,然后叫一帮人进来,跟两家商家一谈,这不就是一个团购网站了嘛,这就是为什么中国在过去两年当中居然发展到将近六千家团购网站。很多投资人没有了解清楚情况,仅看表面就投资,就变得非常不理智。这是中国创业和投资方面所存在的一个普遍问题。

有一个故事不知道大家听没听说过: 在国外,有一个人发现高速公路有车走,于是他就去建了一个汽车旅馆叫Motel,另外一个人看到说有Motel,有汽车旅馆肯定要吃饭吧,他就开了一家餐馆,第三个人说你有餐馆,我弄个洗车的吧,第四个人说我盖一个小超市,第五个人说弄个修车的,这样凝聚成一个整体,慢慢生意就做起来了。但中国是怎么样的? 有人开了一个Motel的汽车旅馆,我觉得不错,于是我也开一家Motel,我的朋友又开一家,接着出现第三家、第四家、第五家,价格也从100块钱一晚上压成80块钱一晚上,压到最后服务质量就出了问题,利润也是越来越低。这跟团购和我们投资创业有很多很多相似的地方。团购到今天为止都不是商业模式有问题，而是门槛很低，所以大家都进去做，于是怎么样？几千家团购网出现了，于是服务质量就降低了，利润也大大缩水。

只有当潮水退去时，才知道谁在裸泳，经历了“千团大战”后，依然能够领跑团购市场的公司已经寥寥无几。数据显示截至2012年9月底，全国团购网站6 000多家，累计关闭3 100多家，自团购兴起至今，已有52%的团购网站相继退出，在目前存活的2 900家团购网站中，有不少已经是“僵尸”网站，页面无更新，访问量也很少。今年年初同为团购网站大佬的24券正式宣布关闭。

| 贪婪，团购泡沫的源泉 |

既然门槛这么低，为什么像杨镭这样的投资人要去投资呢？这是因为在互联网行业中有一个原则，英文叫first mover advantage，就是先发优势。其实在互联网行业，很多东西一旦你率先去做了，要被超越就很难，即使今天，拉手网在国内团购网站中还是靠前的。拉手网，或者说团购行业如今之所以面临这么大的挑战，都是输在了执行上。任何一个行业、一个产业、一个公司，最终都要为用户提供一个最精致满意的产品，你做不到的时候你就会死就会没落。

但是在中国，整个创业环境和投资环境就像刚刚汽车旅馆的故事里那样，大家会一拥而上地进入一个产业。但是现在中国根本不可能需要5 000家团购网站，50家都不需要，最后可能就留四五家。

为什么有那么多公司后还会有第五千家出来，我相信后面一定有资本的力量在推动它，照常理，做资本的人是最厉害、最聪明的人了，但是这些做资本的人有时候脑子会发热。巴菲特不是用两个词形容吗，一个叫做恐惧，一个叫贪婪。其实我觉得贪婪更多一点儿，中国的互联网行业有一个很大的特点就是老是看着美国人怎么走，比如美国的 Groupon 马上上市了，预估是多少多少，大家知道美国 Groupon 在上市时市值达到 120 亿美元，也就是 12 个 Billion。大家惊叹：我的天啊，你看看那玩意儿上市了，我这个才多少钱，才 5 亿美元，才 10 亿美元，就算我打多少折，我还能赚多少钱，感觉自己未来的空间很大。这时候还有恐惧吗？当然不恐惧了，这是贪婪，这就是人性。

资本是帮助企业的，但有时候可能会害了企业。吴波曾经有过一个讲话，他说：我们做拉手网就像是解放战争，什么叫解放战争，三天攻一个城市，也就是说拉手网会每三天在一个城市建一个拉手网的分公司。以这样的速度三天建一个公司，有时候是一天建两个公司。这是吴波自己说的。我当时就觉得如果是这样去建公司，你怎么去保证做一个高质量的公司呢？当然建公司是容易的，无非就是投钱、招人，但关键招来的人做什么，是不是按照你的这种模式在做，才是最关键的问题。当然过度扩张的不只是拉手网，我想这个问题是很多中国的、特别是拿了钱的公司的通病，反正我有人投资，我就是要花钱。前一段时间有一句话叫做“风大的时候猪都会飞”。所以当大家都看好一个产业的时候，就会出现许多的盲目投资者，什么都不考虑，满脑子就是要去上市圈钱。

然而拉手网最终还是没有能在纳斯达克上市，2012 年 6 月，拉手网申请撤回 IPO 计划，自此，拉手网的上市之梦暂时破灭。然而，这次失败的上市也引发了公司的内讧以及和资本方之间的矛盾，一方面，急速扩张让拉手网迅速获得了市场份额，奠定了规模效应，另一方面，唯 IPO 论的生存方式让其难以进行精细化管理，无法注重效率，拉手网在发展前期的弊端都爆发了出来，上市失败后，拉手网高管开始频繁离职，业绩一落千丈。2012 年第三季度成交额，拉手网以 3.962 亿元滑落至第五，在公司内外高压下，创始人吴波不得不选择离职。

| 拉手网的失败原因 |

对于吴波来说，一个创始人，一个 CEO，被架空的时候肯定是非常不愿意的。这是他一手创办的企业，从零开始建起来，谁也没有他懂互联网，而且他还有股份，我相信这个企业里边后来肯定发生了很多斗争。在中国，很多创业者都能把企业从零做到一，但是少有把一做到一百的，或者甚至做到十都很难。拉手网在什么地方做得不好？没有带进一个职业经理人，如果有效果肯定会好很多，比如说现在美团引进了一个职业经理人，目前的效果是非常不错的。但中国的企业家有两个问题，一个是 ego（心理学名词），意思就是非常地自我，不像国外，他们不会找一个 CEO，让他接下来做战略规划，相对来说比较自负。还有第二个问题，中国现在真是缺少一批有能力、有水平而且有激情的职业经理人，所以中国很多创业公司的质量会明显地不同，其实就是在于这个一到一百的过程。

当然，拉手网上市的不成功也是让它从巅峰往下走的一个非常重要的原因。其实拉手网上市是很盲目的，有点儿把美国人当傻子了，简单地说，一个根本不赚钱，或者每天在赔钱的公司谁会来投资？就算股价一开始冲上去，之后也要掉下来。如果大家回顾很多互联网企业，比如像亚马逊，亚马逊公司在一段时间内是完全不被华尔街看好的，甚至很多人攻击它的商业模式能否存在，但它突然就翻身了。拉手网也是一样，如果它坚持自己投资发展，慢慢重新走出自己的一块天地，我相信即使一开始股票跌得很惨，但它还是有机会最后活下来。

但问题是企业往往是夹在投资人和客户中间的，“中间”是什么意思呢？就是不仅仅客户对你有要求，你的投资方对你也有要求，你的收入、你的用户人数，这些都是有指标的。所以吴波本人说，我们在做一件什么事？我们在制造一个虚假繁荣，你看我们的人很多，用户每天在增长，我们的收入也都每个月在增长，看上去团购是一片欣欣向荣，但这背后其实是虚假繁荣，是靠钱不断堆出来的，这样的繁荣可能会持续吗？中国创业的感觉就是大家一窝蜂地进来，一大堆创业者，然后就开始唱一台特别热热闹闹的大戏，突然有一天发现，这些创业者既是观众，又是演员，还是导演。突然间没戏了，就一下180度转弯，投资人撤场，泡沫随即破灭。不是说风大的时候连猪都会飞吗？风一小，这些猪就掉下来了，只有一些真正的鸟还在天上飞。这也像另外一句话，叫退潮了以后才知道谁在裸泳。这也是一个行业的大环境问题，投资不能太理想化，不要觉得中国团购最后不管怎么样应该还是会剩个一百家吧，其实不然，咱们看看电商，有名的、赚钱的，就这么几家。

拉手网从开始到辉煌，以及它所经历的一些艰难的途径，到最后的没落，它的成败希望能给创业者一个警示。在你的企业经历从一到一百的过程中，我们需要一种危机意识，更重要的一点是去把握企业的核心竞争力。这一切都是我们未来在企业的竞争当中非常需要的素质，也是我们很多创业者所不具备的，或者说应该不断去完善的一部分素质。

II 8848：世界最高峰的陷落

2000 年 9 月，马云创办的阿里巴巴刚刚成立一周年，这位当时名不见经传的新掌门找来了武侠大师金庸，打着大师的招牌第一次召集了新浪的王志东、网易的丁磊、搜狐的张朝阳和 8848 网站的王峻涛等人相聚杭州，畅聊互联网行业。这就是后来被称为第一届“西湖论剑”的互联网大会。时隔 13 年，“西湖论剑”早已成为有中国特色的互联网峰会，马云和他的阿里巴巴也已铸就了中国互联网的传奇，新浪、网易和搜狐更是如今中国互联网行业当之无愧的龙头。然而，在各位互联网大佬功成名就的时候，创建了当年在电子商务领域叱咤一时的 8848 网站的王峻涛却早已淡出江湖。

| 8848，中国电商新高度 |

我们来看一下这个 8848. com 是从什么时候开始、怎么走向辉煌，最后又变成了什么样子。今天这个社会就是一个电商的社会，我想没有一个人离得开电子商务，做什么都是电子商务，淘宝也好，京东也好，还是1号店也好，但是没有一个人记得其实在它们之前有那么一家企业，或者说是做电商要比它们远远走得更前的、叫作“8848”的企业。这家企业给我们很多人带来了梦想。为什么？因为它是真正意义上在中国开创电子商务的第一家具有品牌、具有影响力、具有人气的公司。疯狂的时候到什么程度？中国的电子商务在那个年代70%的流量全是进入8848。

王峻涛出身于当年在中国风生水起的北京连邦软件，他1999年创办了8848网站，从4个人16万元人民币起步，迅速将8848发展成为中国电子商务的标志性企业。世界第一高峰珠穆朗玛峰的高度刚好是8848米，王峻涛给自己的电商网站取名“8848”，其创业的万丈豪情可见一斑。2000年2月，美国《时代周刊》称8848是中国最热门的电子商务站点；同年7月，8848被《福布斯》杂志列入中国前十大网站；不久，国际风险投资组合看中了8848。至2001年，包括IDG、雅虎创始人之一的杨致远，华尔街金融投资家薛蛮子在内的风险投资者先后为8848公司融资6 000万美元，获得8848超过一半的股份。但是就在这些资金为8848在电子商务领域铺平道路的同时，也为它之后的发展埋下了隐患。

8848创业的过程让我觉得还是有点创意的。第一，那个年代不像现在谁都做电子商务，那个时候做电子商务还是一个全新概念，所以它们有先发优势。那个时候中国的网民好像都不到400万，在创业的产业里面，你领先一步是先驱，领先三步是先烈，然而“先烈”就是8848的一个最好的写照。

如果倒退13年看，400万网民其实还是一个很小的数目，今天网上购物的人数大概是两亿多吧。另外当年的网速很慢，1999年上网是用猫来上网，后来DSL出来了，还是很慢很慢。当时也没有什么支付宝啊，那些付款方式都没有。王峻涛也讲过有三座大山，一个就是中国的网民数量不理想,第二个就是刚才讲到的支付问题,还有就是线下的物流问题,配送也很慢。我记得当时好像买一个东西起码得四天才能到吧。

| 不该放弃的流血上市 |

当年 8848 的成功在于选择, 8848 的域名,还有电子商务本身的模式,王峻涛都选择对了。如果王峻涛当年能坚持到今天,或许就没有马云的淘宝、天猫,就没有京东,就没有 1 号店,只有一个叫“8848”。为什么? 它会做成像亚马逊一样,他们是把亚马逊的模式复制到了 8848。但是有一点谁都不可否认,就算你有最好的 CEO,最好的团队,当你跳进一个错误的时间点和错误的市场规模的时候,你是不可能赢的,即使 8848 当年在各个方面都占领了制高点。

当然也有另外的想法,比如杨镭就觉得,在互联网领域,每个时代,比如说每 10 年或者每 8 年,每个时代会产生一个新的公司,而这个公司必须是在那个特定的环境下产生的才能成功。比如像今天的互联网时代的大众媒体,就是咱们说的像 Facebook 和微信,还有一些更早的公司,当时其他公司没追上脚步,现在再进来竞争真的很难很难。所以投资人第一个问题会问,公司哪年成立的? 如果是 2000 年之后成立的,今天在做电子商务,基本上投资人看都不看。因为一旦错过第一波,你就很难成功。

作为学习美国电商网站亚马逊商业模式的先驱, 8848 一直在没有可供借鉴的前人经验下摸着石头过河。然而,从诞生和命名的第一天起,它似乎从来没有赶上过一个天时地利人和的好时候。它所设想的 B2C 商业模式一开始即受到了种种限制,网民数量相对较少,国内信用卡普及程度低,网上支付结算手段相对滞后，很多人对网上购物更多的是出于猎奇或者时尚的心理。而在互联网泡沫进入高潮，新浪、网易、搜狐赶在纳斯达克泡沫破灭之前上市时，8848 却由于种种原因与上市融资失之交臂。从 8848 将全部赌注押在纳斯达克上市那刻起，它走上的就注定是一条不归路。

今天中国的互联网公司都在做这样一件事情——融资估值。比如说有名的“人人”，“人人”要钱融资的时候，说你估值要到多少。比如，他说“人人”是中国的 Facebook，Facebook 现在值这么多钱，我是它十分之一可以了吧，我就拿这个数目。就是对比参照，新浪、搜狐、网易不都是靠着上市的这一拨，对不对？沉默了那么长时间。但是你看新浪、搜狐，咱们都记得，那时候有一段时间，它们的股票已经到了 6 毛钱，几乎被摘牌。后来有一段时间 ST 把它们撑起来了，等 ST 过去以后，它们的广告起来了，所以它们还算是挺过来了。

它们能走过的原因是什么？因为是上市公司，手中有现金，有大量的现金。当时的 8848 被美国人看好是未来中国的亚马逊，所以美国人看到了它的估值，但问题在于没有掌握这个时机。本来它们可以去上市，但是突然间 2000 年碰到互联网泡沫崩溃了。所以一下子 2000 年初开始，互联网就开始走下坡路，这个时候你需要做一个决定，去不去上市。当时，美国市场还是接受 8848，因为它还没有下滑到那个程度，当时美国市场给 8848 的估值是每股 10 美元，所以其董事会必须做出一个很严峻的决定。

当时的 8848 已经没有这个话语权了，资本方做了一个现在看来真的是愚蠢的决定，就是不流血上市，等互联网的春天来，互联网的春天来了，就可以报价 20 美元甚至更高的价格。但是没想到，结果互联网一路往下泻，再也没有回暖。所以他们又做了一个选择，等待。这下好了，互联网的泡沫崩溃只是一夜之间，回升却需要几年。就像中国的股市一样，中国的股市如果跌可以跌得很久很久，你要让它再回升过来需要一个漫长的过程。

错误的抉择，致命的失误

其实作为一个企业家、管理者或者是商人，这种情况下，当时应该问的一个问题就是如果不上市，账上的现金能够维持多久，而且能维持的这段时间是不是能把公司变成一个持续性发展的阶段？这个实际上是一个很关键的问题。为了上市，这个 B2C 的概念不行了，所以他们又做了一个选择，这个选择我把它叫做第二个错误的选择，也是一个最重要的错误选择，是什么呢？他们去改做 B2B 了。这个商业模式就变了，原来 8848 在所有网民当中就是 B2C 的一家公司，电子商务公司，突然间改做 B2B。

8848 擅长的是 B2C，突然之间要去攻 B2B，这里面有两个很关键的要点要提及。第一个，任何企业其实有它自己的一个东西叫 DNA，是很难很难改变的，这点我体会很深。当时 8848 决定要转型的时候，内部分歧已经很大了。比如上海公司本来是做 B2C 的物流配送等等这方面的工作，然后去开拓上海本地的市场，等于是做一家上海的 1 号店，他们招的人都是为了这个招聘来的，一下子你说你改了 B2B，所有的人员方向全部就为这个改变。当时内部就很迷茫，我们招来的人全部是做 B2C 的人，你突然让这些人去做 B2B 是不可能的。

8848 到底是 B2B 还是 B2C，8848 的投资者都很清楚，8848 的主营业务是 B2C，但当时急于将 8848 上市套现的投资者已经顾不了这么多了，要不惜一切代价为 8848 打造符合华尔街投资者口味的 B2B 的概念。但令他们没想到的是一向很“听话”、很“合作”的王峻涛竟然在这个问题上寸步不让,在他看来B2C是8848的核心竞争力所在。在中国,要是电子商务有一项业务会率先成功的话,它就是B2C,而8848毫无疑问是B2C的鼻祖。怀着这样的理想,王峻涛带着他的B2C业务从8848分离出去,成立了“My8848”。为了实现上市的目的,缺少了创始者的8848开始不停寻找符合投资者胃口的管理者。到2010年年底的时候,8848引进的国际化背景的高层管理人员已经达到十多位。

|从零到一,从一到十|

当时8848为了上市,最重要的一个任务是什么?做路演。你要把你的公司卖出去,也就是要有人来认购你的股票,如果你不会讲话的话,你的商业模式没有人知道,你的现状没有人知道,你的未来人家不信。所以它需要选择一个好的CEO,特别是到美国去上市,CEO这个角色是非常重要的。我相信盛大叫我去做总裁的一个重要的目的也是为了上市。为什么呢?因为我们可以到美国做路演,帮助提升公司的价值。当时在王峻涛的8848要上市的过程当中,投资人给他做了一个非常重要的决定,我帮你找一个CEO。其实就是说告诉你,你是不适合做CEO的,最合适的就是找一些外企的会说英文的人,所以微软的员工是他们的首选。这就是为什么8848在王峻涛之后的第一任CEO是来自微软的,第二任还是来自于微软,就是因为那个时候微软出了很多很多的人才。但是微软是什么模式你知道吗?微软是精英模式。和互联网是不一样的,互联网是什么?互联网是一种草根文化。这两种经营理念是不一样的,一个是精英,一个是草根。

那么我们精英文化的这些人适合做互联网吗?我假设了一个问题问了

下投资人杨镭，我说电商不是现在还在火吗，我唐骏去做一家互联网公司。我说，杨镭你看，我有背景，我的背景挺好的你不觉得吗？我在微软做过技术、做过市场、做过管理，基本上做这一套公司的经营是我了解的。我又有互联网的背景，盛大这个互联网公司在中国还算一个顶级的互联网公司对不对。好了，我现在开始创业，我觉得最好就是做电子商务了。来，杨镭，我也不多要，投个三五百万美元怎么样？

杨镭的回答是，肯定不投。为什么？第一，如果要投资的话，我需要怎么做，今天首先辞职，不管我过去工资拿多少，从今天起我拿3 000块人民币。带着5个人的团队。给我在附近找一个三室一厅的公寓房，租金可能在我也不知道什么地段的8 000块钱一个月。其中一间房呢，你们搭一个上下铺在那儿睡觉，另外两个房间给我弄几台电脑，给我开发软件。干6个月到8个月，就拿3 000块钱，把你们其他最基本的条件满足了，这个你做得到做不到？肯定做不到。

第二，精英文化的人如果没有真正理解中国普通老百姓生活中的那些细节，那些微妙的地方，那你怎么给人家提供人家最需要的？每天过着那种白领的生活，出去打个车或者自己开个车，肯定不了解大众的心理状态。当你已经是微软的一个白领，拿着很不错的薪水，在大陆上班，你那种创业的欲望已经不是那么强烈了。相比有些人愿意吃苦，愿意一天工作十几个小时，他们更加能体会草根的感受。当时王峻涛是把8848从零做到了一，然后在从一做到十的时候，他引入了很多微软的精英。但是这些人并不适合，时机可能还稍微偏早了那么一点点。可能说当8848做成上市了以后，产生了一定规模以后，这个时候再请会比较好一点。

从2001年开始，8848基本上风光了一年，给别人创造了一个所谓的神话般的梦。今天坐在这里，我们再来讨论8848，真的是很可惜的。如果当时的8848换一个方式来选择,选择了上市,或者说选择最简单的,如果上市没有成功,坚持做电子商务,我想今天的8848可能就会成为中国乃至世界级的互联网公司。8848给我们许多启示,在做任何一家公司时,可能会面临很多机遇的选择,当你做任何一件事,看准方向,当你认定了这个目标的时候,我希望每个人都应该选择的是坚持。坚持就可以给公司带来机会,带来梦想。

12 对冲时代：我们如何在熊市中赚钱

说到炒股，一般而言，只要大盘上涨，我们基本都或多或少能够有所盈利。然而一旦大盘暴跌，广大股民通常只能血本无归，无一幸免。但是我们发现，有一类人，股市大涨他挣钱，股市大跌的时候他还是赚钱，美国著名的货币投机家、股票投资者乔治·索罗斯，当年亚洲金融风暴的时候，狠狠地赚了一笔。股市无论是大涨大跌他都可以挣钱，甚至大跌时挣得更多。我们就来解密一种投资方式——对冲投资。

| 跌的时候赚钱才是投资高手 |

近几年中国也推出了一系列股指期货，融资融券。其实就是给了我们一个机会，对冲的机会、买空卖空的机会。对投资者来说，这意味着股市涨，当然我们都很高兴；而跌，如果你知道如何去把握机会，其实跌也不可怕。在股市大跌的过程当中也能获得盈利，那才叫真正的投资高手。

2010 年 4 月 16 日，中国推出了股指期货，广大投资者也可以通过做空盈利。做空时代的到来，其实是中国证券市场的一个里程碑。

股指期货市值股票价格指数作为标的物的金融期货合约。具有 T+0 以及保证金杠杆交易的特点，简而言之就是可以当日买进卖出，以小钱搏大利，所以比普通股票交易更具有风险。中国证监会于 2010 年 4 月 16 日公布，沪深 300 股指期货合约正式上市交易，以沪深 300 指数为合约标的。与股票只能买涨不同，股指期货还可以进行做空的交易，当投资者预测到指数会下行时，可以进行买跌的操作。

| 玩对冲，需要高智商 |

在华尔街，做对冲的是一群智商非常高、聪颖过人的精明基金经理。做空的风险特别大，不过，投资盈利的来源就在于你对风险的承担，一旦我愿意承担风险，其实机会就出现了。中国一般而言，有两个指标，ETF50 和沪深 300。

当整个大盘都在跌的情况下，比如大盘从 2 300 跌到 2 000 点，然后我还是买的 ETF50，我不会因为大盘的下跌而亏损。因为我做的不是大盘的涨跌，我做的是 ETF50 跟股指的强弱问题，当然如果你的强弱判断错了，或者是你的交易方向判断错了，你还是有可能亏损，它这个跟大盘的涨跌是没有关系的。

在衍生品的交易角度来说，其实这种对冲显得格外重要。我们最担心的是所谓系统风险，比如说 2011 年 10 月 30 日，四大行同步公布降准、降息，第二天，几乎所有商品都涨停，这个时候你的投机就大幅亏损，风险是来源于此，如果你做的是完全的对冲，就是你的头寸一定是一多一空，实际上这个系统风险跟你是没有关系的，这是对冲最深刻的一个含义，防止了这个系统风险的危害。

对冲就如同字面上理解，不让你赚得太多，更不让你亏得多，把他的盈利来弥补你可能的亏损部分，把你的资金曲线做得更加平滑，如果平滑以后实际上你能够把杠杆上去，你的收益率还能够提高。你就敢于去做一些融资，收益率就进一步地放大。

2011 年我们又推出了融资融券，很多人并不是特别了解，这个融资融券到底又是什么呢?

2011 年 3 月 31 日正式启动的融资融券交易从表象上看，与股指期货有着异曲同工之妙，同样是引入股市做工机制，同样具有杠杆性交易特征，但两者在本质上存在较大差异，股指期货主要是针对相应的股拍指数进行操作，而融资融券的操作主要针对单只股票的非系统性风险。

例如，中国融券的范围是在沪深两市上市的 500 只个股和交易型开放式指数基金 ETF，投资者参与融资融券主要目的是针对单只股票的估值进行投票，如果认为该股票被低估则融资买入，如果认为该股票被高估，则融券卖出，进而形成更加灵活的投资组合。

融资融券给我们带来了很多的机会，融资可以放大杠杆效应，融券就是反向操作。融资通俗地来说，就是借你钱，过去十块钱只能买十块钱的股票，现在根据不同的股票十块钱可以买二十块钱的股票，赚也是双倍地赚，亏损可能也是同样比例的亏损。

实际上融资就是给你更多的资金做股票有杠杆。融券就是你股票可以做空，就像做股指期货一样，你可以抛空，你对某只股票不看好，那么你可以去融券卖出。

比如我不看好这只股票,那就以融券的方式卖空,这样的话股票跌也没事。只要我看准这个股票会跌,照样可以通过这种方式来挣钱。

| 小股民被骗的悲惨命运 |

但融券现在是不是有很大的风险,比如有浑水网站,故意去把一个股票给做跌出一些负面事件,当中小股民蜂拥而上的时候发现原来是个假新闻,然后股票又升了。

融券的风险很大的,要很谨慎,但是我觉得融券的推出,对于整个交易方式的改变有很大的促进。首先,就像可以做商品期货,你可以做空,这是最大的一个改进,因为有了融券,我们的股票进入了叫双向操作时代的买空卖空的时代。

当然我们目前的融资融券还存在不可操作性,一个是融资成本比较高,因为有杠杆,融券也有成本,所以这都导致了融资融券还是比较困难的,而且融券的交易方式也有限制,比如说不能低于最新价委托等等,导致当你融券机会出现的情况下,其实市场的券并不多。

与国外成熟市场的规则并不相同,我国融资融券的范围还仅限于券商的自有资金和自营债券,并没有扩展到托管资金和市值,这很大程度上限制了融资融券的规模和现实操作性;其次,国内融资融券的成本远远高于股指期货,不仅需要高昂的融资利息和融券费用,还要缴纳交易股票相关的交易佣金、印花税、过户费等。融资买入证券或融券卖出时,融资融券的保证金比例不得低于50%,可见我国融资融券对财务杠杆的控制相当严格。

当投资者具备融券条件,应该如何选择融券股票呢?

第一类，以基本面为准，对这个公司的基本面了解，不看好它，你本身就可以融券，但是融券有品种限制，不是所有的品种都可以融券，特别是很多创业板的公司。

第二类可以通过价格走势的指数，它怎么走得很高了，或者说它怎么走成下跌势了，那也可以去做，基本面、技术与价格驱动的交易方式都可以来做融券。

其实融资融券也好，还是说股指期货也好，还能带来保值效应，有一种股票天天在跌，比如酒鬼酒事件，每天都跌停，很多人就采用对冲的方式。具体要如何操作呢？

首先我要来衡量这个事件是否是一个孤立事件，如果是孤立事件，因为你不知道跟它相关性强的标的，肯定不能做空大盘，可能大盘会涨，酒鬼酒继续跌；如果它是一个行业事件，那我们可以做空行业。

假定这就是一个行业的潜规则，我们去做一个判断，这个判断就是酒鬼酒不只是一个单一的事件，估计其他白酒也存在同样的问题，它跟其他的白酒就有相关性，比如茅台、五粮液，你就可以融券做空这两只股票。在酒鬼酒事件爆发后，就有不少人在做空五粮液。

如果相关行业的股票没有那么明显，应该选择一个什么样的股票去做空？

当完全对冲时，选择的股票完全回避大盘强，所以我就定义了二者之间的交易标的，像博弈，我就同时买股票，同时抛股指。

经过一系列的策略看准了股票，然后我觉得它肯定是跑赢大盘，就去购入这些股票，再去卖空大盘股指，这样第一可以保证你的利润，在一定的范围内锁定你的利润，还有就是我们通过这样的方式，可以降低风险。

| 别跟我提炒股，唐骏输怕了 |

其实无论是融资融券还是对冲，风险是相对的，事实上依然很高，我在美国的时候，也做过投资。融资融券，我都做过。我在融资融券方面输得很惨。输到什么程度？我现在已经完全不染指股票投资。

用这样简单的方式给大家介绍了一下融资融券和一些期货投资的理念，其实就是给大家介绍了一种对冲和规避风险的可能。过去大家都是买涨，现在也可以买跌，就是给了我们一个这样的机会。一块钱可以做十块钱的生意，原来只有股指可以双向操作，现在股票也可以双向操作。最重要的一点，投资真的很有风险，千万不要像唐骏之前做融资融券那样采取超前的夸大性的投资方式，这样你会输得很惨。

13 投资进入人机对决时代

我想每个人都有一个致富的梦想，当然致富有很多方式，有些人通过理财，有些人通过创业，也有人通过投资的方式。我告诉大家一个神话，5年前他只有区区的98万，但是经过努力，5年以后变成了3 800万。他就是开拓者的总经理——陈剑灵。

陈剑灵，职业交易员，2010年曾获上海中期公司程序化交易大赛冠军。2006年开始，在商品期货交易方面首次使用无人值守的程序化交易系统，获得惊人回报。同年他以98万元入市，截至2011年12月31日，其账户资金增至3 800万元。此间，陈剑灵支付的交易手续费就高达500万元。陈剑灵由此被称为中国程序化交易第一人。

| 三个投资之神，你不得不知道 |

在国外有三个人，每个人都知道。巴菲特，创造了很多的神话，他投资可口可乐,10 年赚了 10 倍。索罗斯,在任何时刻他都可以赚钱,亚洲金融风暴都让他狠狠地赚了一笔。还有一个人叫西蒙斯,很多中国人不知道,他的投资方式没有被大家广泛宣传,但是他在国外家喻户晓,在美国被誉为“华尔街的上帝”。为什么叫上帝?因为他开拓了一种全新的交易模式,用他的这种模式每年都在赚钱,连续 17 年里收益率超过巴菲特。陈剑灵和西蒙斯的投资方式完全一样,叫程序化的交易模式。

程序化交易是指在计算机的支持下,瞬间完成投资者交易指令的一种投资手段。投资者将自己的投资策略或交易思路编写成交易模型,并写成计算机软件,用电脑代替人工进行自动买卖,自动止盈止损。在 1987 年美国股灾中,程序化交易被指为罪魁祸首,原因是多数投资者设计的自动交易模型,面对不利的市场情况几乎同时发出了卖出信号。

程序化交易的鼻祖当属西蒙斯,他旗下的大奖章基金运用程序化交易每年平均净回报率高达 38.5%,在全球收入最高的对冲基金经理排行榜中,跟在西蒙斯后面的数字是每年 21 亿美元。西蒙斯的投资公司雇用着百名博士,均来自于数学、统计学等领域,他们把股票的历史价格输入电脑,电脑根据公司设计的秘密模型算出该买哪些股票、买多少以及何时卖出等,所以买入与沽出的举动均由电脑在瞬间完成。而西蒙斯的这套交易公式也成为世人最想获取的财富秘密。据统计,美国市场中有 70% 的交易是由程序化交易完成。

| 程序化交易,让一万个人帮你炒股 |

程序化交易或者说量化交易跟我们普通的交易相比,它的好处在相当于你有千军万马在战斗，这是最形象的解释。比如说你个人做投资，实际上你所做的组合，你做的品种是非常少的，我们知道有炒手，他的收益率非常高，可一个人能关注的品种还是很少，但利用计算机以后，能关注的品种就非常多，你可能做到关注 5 个品种、10 个品种、几十个品种。

第二个好处就是计算机执行的时候会减少人性的弱点，也就是说你在执行的时候，它不存在任何的贪婪和恐惧，它只是按你的规则在严格执行。

将交易程序化还有一个优势，比如有很多投资者看到一个指标或者一个什么方法特别管用，这里头有很多选择性记忆。为什么这么说呢？比如上涨的时候，那个指标跟着上涨，他就会总结成这个指标上涨大盘就一定上涨，实际上这个指标上涨有很多次大盘是不上涨的，但目测是看不出来的。如果我们用程序化交易历史回溯的话，我们就能很轻松地发现实际很多次是不行的，很多次它的上涨是错的。

|投资高手速成手册|

程序化交易很容易去模拟去锻炼自己的技巧，在初级阶段，就通过历史数据模拟历史，所以说程序化交易很容易让人提高经验，原来做十年的交易才能获得的这个经验，可能程序化交易半年、一年，就达到这个水平了。

能让刚刚入门炒股的人一下子变成拥有 10 年、15 年经验的这种高手，可以帮助来实现过去想都不敢想的东西。

程序化交易有很多策略组成的组合，通过组合降低风险，就是说在收益不变的情况下把风险降低了，那么资金使用率就增加了，杠杆就能上去，总的收益还是能提高，所以组合的这个威力很大。特别是利用计算机来进行组合，这比人的主观组合要强得多。

比如说我们有一个很简单也很经典的策略叫四周规则。

在程序化交易的策略中，四周规则是其中最著名也最成功的技术。四周规则由理查德·唐迁发明，它覆盖了交易的各个方面，简言之就是股价突破 4 周高点就做多，跌破 2 周低点则平多，突破 4 周低点就做空，突破 2 周高点则平空。四周规则是数理和统计学大师通过科学的分析得出的规律，也非常值得不采用量化投资方式的个人投资者借鉴。

这个规则长期来说如果通过组合，它就是一个正期望值，正期望值就是能赚钱的，关键是你能不能执行到底。

计算机就可以对这个规则进行测试，通过计算机做一些历史的回溯，来找到一个最优的做法。

很多观众也听说过这些所谓的股神在电视上讲怎么买股，但是买入的时候你不要忘了，可能买 10 次，你可能只赚个三四次，输多胜少，但是交易的策略可以让你赚钱，因为它在止损的时候损失很低，跌了 1% 就走了，上限涨到 3% 也卖了，那这个时候你会发现亏就亏 1%，但赚是赚了 3%，虽然赚的利润少了，但是整个加起来，赚的量大了，它是追求一个低胜率的高盈亏比。

我觉得程序化交易和我们普通老百姓炒股的一个很大的差别在于，就我这样的脑子玩个 5 只、10 只股票已经差不多了，但是，用程序化交易，可以玩 100 只股票、200 只股票。所以程序化交易是规避风险的最好方式。

陈剑灵很重视自己的投资组合构成，据了解，他的日均受益在 2% ~ 4%，在资金量达到 500 万元以后，其账户收益率在此基础上提高了一个百分点，突然的亏损概率也减少了。他认为，这主要取决于良好的投资组合构成，减少了风险。

从 98 万到 3 800 万，他大概做了几千次这样的交易。赢的可能不超过一半。赢的比输的量多，平均的单笔盈利还是很低的，不超过200块钱。盈利率不超过0.3%，然而积少成多，最后可以赚得很多。

丨程序化交易，很傻很天真丨

程序化交易又有什么弱点、缺点呢？它特别呆板，特别机械，而主观交易有一些主观判断的、不能定量的规则。

假设你定20周期高点突破进场，那么计算机可不管三七二十一反正傻傻地就进去了，亏损就出现了。如果主观交易，有这个规则在心中，那么你就可以做很多筛选，比如通过日内的走势或者其他的一些因素，把一些噪声想办法规避掉，当然最重要的是交易还必须有规则，这一次不做了，下一次还要做。这样的话，实际上主观交易要比程序化交易要好，但是你赶不上，因为没有规模。

其实陈剑灵初期也有将近一年的时间没有盈利过，所以程序化交易就像龟兔赛跑，实际上它看的是一个长期，它并不是在一个短期有多大的盈利。在资金账户操作过程中，没有哪一笔交易特别深刻。因为不知道哪个交易赚得最多，也没有亏得很惨的时候。

程序化交易难的就是坚持，当你出现半年不赚钱的时候，你还认为它行不行？你可能否定它了，这就是最难的时候，其实跟主观交易一样。

争取笑到最后，投资是一个长距离的赛跑，甚至比马拉松还长，因为你肯定不是今年赚了，十年以后看你没赚什么钱。很多人做投资，要短期赚钱是很容易的，甚至比中彩票还容易，50对50嘛，重仓期货下去，所以在期货市场有很多很多的英雄，但是这个英雄存续不了多久。

实际上我们讲投资需要工具。我觉得从某种意义上，程序化交易还不是工具，它是什么呢？它是制造工具的精密机床，工具好坏得看你的手艺。它只是给你一个机床，还是要你自己的思想、你自己的能力在里面的。

程序化交易在国际市场上已有40年历史，从2004年1月至2010年6月，这种证券投资方式在美国纽约证交所总成交量占比达29%，目前世界上最大的程序化交易机构包括高盛、摩根斯坦利、德意志银行和加拿大皇家银行资本。或许很多投资者正在心里盘算着是否该用程序化交易这个神来之笔在股市里打一场漂亮的翻身仗。虽然我国市场的T+1交割制度让程序化交易的很多策略无法实施，但目前，通过自制的数理模型进行类似于程序化交易的个人投资者随处可见。

据报道，中国与西方资本市场的情况刚好相反，使用程序化交易的个人投资者数目远高于机构投资者。《上海证券报》曾专门报道过上海中期公司进行的程序化交易的人机对决，讲述的是中国顶级投资高手与顶级电脑投资模式的实盘斗法。

使用程序化交易进行投资的经典案例还包括在中国某投资大赛中脱颖而出的个人投资者周伟。这位现居上海的浙江平湖人在2008年9月到次年8月底的一年中严格使用程序化交易，在资本市场中取得了近624%的回报。杭国强也是中国首批使用程序化交易的投资者，目前他管理着20多亿的资产，年回报率达100%。

| 想赚钱，找窍门 |

利用计算机与数理模型代替人脑进行交易，从而创造财富佳绩，这样的财富神话,近年在中国资本市场中屡屡上演。

然而一旦全国人民都玩程序化交易,程序化交易就会失效,因为如果每个人都这么做的话,那么市场结构就变了。某个策略如果亏钱你可能就不用了,那么用的人就越来越少,这个策略就开始有效;如果用的人越来越多,这个策略就开始无效。市场它会自动调节,保持市场的生态。

市场的本质就是其博弈结构,它实际上是一个博弈的市场,所以这个投资市场跟什么市场最接近?跟竞技市场最接近。竞技市场是拿名次的,所以它永远是少数人成功,而投资市场类似于竞技市场,投资者你凭什么赢呢?你必须有优势,你要确立自己的优势,人家拿刀了你不拿刀,不就劣势了嘛。大家都拿刀,你争取拿枪,大家都拿枪,你争取拿炮,总的来说,你必须进步。

未来将会越来越多地用到计算机的智慧来帮助你进行程序化交易,当然了,程序化交易不是万能的,也不是天才的。但是我觉得至少程序化交易给我们带来了一种新的投资理念。希望对大家有帮助,大家有机会也可以去了解一下程序化交易给你的投资能够带来一些什么样的收获。

14 唐骏离职背后：国内最大股权纠纷案

2013 年 1 月 28 日，我在微博上低调宣布，告别为之效力 5 年的新华都集团，重新出发，通过管理层收购的方式，执掌原新华都旗下的港澳资讯。这条离职声明立刻引发了业内的议论纷纷：我曾被誉为“打工皇帝”，有人说我的职业生涯出现了瓶颈，身份是否将完成从职业经理人向一名真正意义上“老板”的转变；也有人怀疑我是否能适应这个转变；我离职新华都的导火索，是否和收购云南白药股权失败有关。面对这些质疑，今天，我将直面离职事件背后的真相。

我真的是很感慨，过去我离开微软的告别会非常隆重，离开盛大也是如此，但这次的离开我很低调，只发了两条微博。微博上用了几个非常简单的词概括我在微软、在盛大、在新华都的感受。我说离开微软的时候，我哭了。我那个时候完全不像大家所熟悉的唐骏，2004 年 6 月以后，毕竟我服务了那么多年、曾经那么热爱的一家公司，要离开它了，这种抉择是特别痛苦的，离开微软后我去了一些很让人匪夷所思的地方，去了威海，去了韶山，让人很难想象。

我离开盛大加盟新华都的时候，我笑了。而这一次，我离开新华都，去掌门港澳资讯，我既哭不出来，也笑不起来，这里有很多很多的感受，恰恰是描述了我在不同公司的所有的不同感受，更多的还是对未来的一种期待，或者是一种忧虑。

|食言？从四五个到一个的改变|

从微软中国 CEO 到盛大 CEO，背着“最牛”职业经理人名头的唐骏，在 2008 年 4 月以 10 亿元转会新华都，笼罩在我头上的诸多光环，在中国职业经理人领域达到了前人所未达到的高度。一次又一次地华丽转身，身家也呈阶梯式跳跃，但在随后的几年中，我陷入了种种困境。2008 年，我踌躇满志地承诺，5 年内实现新华都旗下 3 至 5 家子公司在资本市场上市，如今，却只有 1 家公司上市。2009 年，在新华都董事长陈发树一系列大手笔运作中，对云南白药的投资，截至目前，股权仍未交割。次年 7 月，又身陷“学历门”事件。这些皆被解读为我最终从新华都黯然离场的原因，然而，这些事件背后是否另有隐情呢？

其实我已经看到了瓶颈，这个瓶颈是什么？就是再给我四到五年的时间，其实我唐骏所扮演的这种角色，或者说给新华都所能带来的变化不是那么大，这个时候我就会萌发出“我留在新华都意味着什么”、“我能给新华都带来什么”、“而我这份工作又能给我带来什么”的想法，所以，离开新华都对我来说是一个必然。

我加盟新华都以后，发现需要进行一个战略转型，与其说要重新创造 3 到 5 家上市公司，还不如说进入 3 到 5 家上市公司，所以今天的结果我们看到，新华都这个板块：新华都购物广场的大股东，上市公司紫金矿业的第二大股东，同时又是青岛啤酒的第三大股东，本来还应该是云南白药的第二大股东——从这个意义上来说，三到五家，其实我们已经实现了四家，这四家虽然不是说在每一家都是控股股东，但是我们在里面扮演了一个非常非常重要的角色，这也是我们转型的一个结果。

投资云南白药，并没有带来应有的收益，我们想成为云南白药的第二大股东，这个收购不是失败，但这个收购绝对是个失误，这个失误造成了现在进退两难的状况。

2009 年 9 月 10 日，云南红塔与陈发树签订《股份转让协定》，双方约定，陈发树以每股 33.54 元的价格，购买云南红塔手中的 6 581 万股云南白药股份，股权转让总价高达 22 亿元，但之后，云南红塔并没有将相应的股权过户到陈发树名下。2011 年 12 月 8 日，陈发树向云南省高级人民法院起诉，将云南红塔集团推上了被告席。2012 年 1 月 17 日，中国烟草总公司作出批复，称“为确保国有资产保值增值，防止国有资产流失，不同意本次股份转让”。2012 年 8 月 23 日，陈发树诉云南红塔集团云南白药股权纠纷案，在云南省高级人民法院正式开庭审理，该案涉及资金高达 22.08 亿元，被称为“国内最大的股权纠纷案”。2013 年 2 月 4 日，云南省最高人民法院就陈发树起诉云南红塔一案做出一审判决，原告方陈发树被判败诉。4 日下午，陈发树召开新闻发布会称已向最高人民法院提起上诉，要求云南红塔集团赔偿其 11.6 亿元的损失，并由财政部来审批股份转让事项。

突然无法找到自己的价值

无论是媒体也好，周围人也好，甚至内部人会说，唐骏没有能真正意义上帮助陈发树最终来解决这个问题。一定有这样的质疑，甚至批评，对我来说，这也是我离开新华都的另外一个思考。在这个股权事件中我看不到未来，看不到解决方案，但你还不得不去面对。如果说当有一件事情摆在你面前，你需要去做而你又无能为力的时候，你没有其他选择，所以我选择了离开——这是引发我离开的一部分原因。

我感觉不到我能给新华都带来什么价值，因为对新华都来说，这笔投资本应带来一笔非常巨大的投资回报，三四十个亿的投资回报。而作为一个总裁，我却不能在很大程度上来帮助新华都把投资纠纷解决掉。

根据陈发树与云南红塔签订的《股权转让协议》，状告云南红塔集团的官司，在拖延了如此长时间之后，被判败诉，陈发树 22 亿元的股权转让款实际上成了无息借款，损失不可谓不小。而从 2011 年 9 月 11 日至 2013 年 3 月 1 日，云南白药股价从每股 33.86 元上涨到 76.94 元，按照当时协议转让的 6 581 万股计算，陈发树的"损失"超过 28 亿元。

其实我们再来看，"云南白药"是个非常简单的投资，就是一个股权买卖的投资，不涉及价格。作为一家上市公司，有人要把上市公司的股票卖掉，有人愿意接手，而且转让价格就是上市公司的股票价格，所以价格上不存在争议，这是第一。有人愿意卖，有人愿意买，这是两厢情愿的事，这是第二。在中国的 99% 的股权交割的过程当中，从来也没想过会发生像云南白药这么个纠纷，问题出在什么地方？

| 领悟：民企永远斗不过国企 |

问题出在了买卖双方特殊的背景上，买方是什么？买方就是一个民营企业;卖方是什么?是一个国有企业。过去没有发现这类问题,但是现在有,未来我相信还会有这样的事情发生,我希望通过这么一个案例告诉大家,在此类事件上需要去防范的一些问题。

红塔集团持有云南白药的股份,是它的第二大股东,红塔想把它所持有的云南白药股份进行出售,新华都非常有兴趣,双方就进行了谈判。这个谈判非常简单,你来我往,非常简单的一个谈判,但对方是一个国有企业,这个国有企业的谈判方式——因为是我跟他们进行谈判的,所以比较了解——非常地高高在上。因为我们是民营企业,人家是国有企业,这两个身份不一样,更重要的一点是因为他们手中持有的股票可以卖也可以不卖,对他们来说是有选择性的,所以当我们在进行谈判的时候有一些对我方不利的条款,我当场跟他们提出来,其中有一个条款——本合同的生效需要经过甲方的上级主管部门的最后批准,这是什么意思?他说我们红塔集团是国资委下面的一个企业,所以我们要经过上级主管部门中国烟草总公司的批准,他们批准了才可以进行交割,当然谈判的前提是中国烟草总公司已经发文同意红塔集团出售这部分股份,所以我觉得这也不该是一个问题。

我确实看了不到十分钟,就这样,我和陈发树说,这是唯一一条我觉得可能会有争议的条款,但人家也讲了这是一个国家标准版的合同,另外这个条款也是国家规定的需要条款,所以我说陈发树先生,您可以签字的,陈发树就在上面签了字,对方也签了字,十分钟之内我们就把这个合同签了。

我们看好云南白药,而且我们相信,如果一旦成为第二大股东,这个给我们带来的价值会很大很大,所以我们在很大程度上做了妥协,妥协是为了带来更高的回报,所以当时我们也是知道的,如果我们过于强势地与红塔集团进行交涉的话,可能这个交易就没了,在这个判断之下,我们妥协了。

签完以后,他们说很快就可以进行交割,所以我们的钱就打过去了,结果到了年底还不交割，一个月过去了，对方给我们回答是：今年已经到了一定阶段，不想把今年成交，上市公司每年的年报很重要，所以想放到下一年来进行交割。我觉得这是一个非常合情合理的要求，所以想过了年也可以进行交割。

过了年，1月6日，再次打电话催促时，对方才告诉我，现在很难交割，因为从我们签字到1月6日的这段时间，云南白药的股价已经上涨了15%以上，也就是说它的账面上已经亏损了三个多亿。他让我们再等等，等到云南白药的股价跌回到原来的价格时再去进行交割，不然很难面对公众，或者说，很难去面对上级领导。这么说非常合情合理，我们继续等，等了一个月，等了两个月，我们等来的是云南白药的股价不断飙升，到了最后，云南白药的股价和我们当时签约的价格相比已经翻了一番，也就是说账面的损失已经达到了近20个亿，这个时候他们就已经没有办法进行交割。这就是云南白药事件从头到尾的故事。

在新华都和云南红塔这起涉及近50亿元人民币的股权纠纷中，中国烟草总公司的批复意见成为此案的关键。2012年1月17日，烟草总公司做出了正式批复意见称“为确保国有资产保值增值，防止国有资产流失，不同意此次股份转让”，而此前烟草总公司在2009年1月做出的批复中，表态称“同意云南红塔转让其所持有的云南白药股权”，两次表态大相径庭，而且从云南红塔提交的证据观察，烟草总公司2012年1月做出的批复，竟然耗时27个月，合计800余日，正是在这两年多的时间里，云南白药的股价在沪深股市持续低迷的环境下，仍旧一路走高。高起的股价却成了我的噩梦，让新华都陷入了旷日持久的股权纠纷。

再选择一次，还是选择云南白药

作为新华都的总裁，我跟红塔也进行过沟通，甚至我们也跟中国烟草总公司、法院进行沟通，我们在做各种努力。但是，问题在于，我们面对的对手，所谓的甲方，是一个非常强势的甲方，而我们这个乙方相对来说比较弱；更重要的一点是那么一道坎，叫做"国有资产流失"，这是谁也不愿意去跨越的一道坎。因为股价上升，你把股票卖出去等于是国有资产流失，谁也不愿承担这个责任。

如果再给我一次选择，我仍然会投资云南白药；如果还会有这样的机会，我们一定会加上一条：交割的日期。比如说一个月，哪怕是三个月，我也一定要写在里面，作为合同中最重要的一个指标。

如果我们再做一个假定说，今天云南白药的股价回到了三年前我们签订合同时候的股价的话，云南红塔也会进行交割，因为不存在国有资产流失这顶帽子。

所有的一切有那么几个关键点，第一个是云南白药的股价飙升，第二个是红塔集团想把当年的利润挪到下一年中，让他们的财务报表做得更好看一些，这两个关键点造成了我们今天看到的云南白药股权纠纷案。

15 中国式 MBO：该扔鸡蛋还是鲜花

MBO，即“管理层收购”(Management Buy-Outs)的英文缩写。经济学者给 MBO 的定义是，公司的管理者与经理层利用所融资本回购公司股份，进而获得产权收益的行为。管理层收购在资本市场发达的国家曾经风靡一时，在国外已有 30 多年的历史，中国的国有企业 MBO 在 2003 年一度达到了高潮，甚至有人将 2003 年称为“MBO 年”。但在中国，MBO 的引进从一开始就与国有资产流失、监守自盗联系在了一起。一些国有企业在实施 MBO 的过程中，通过瞒报利润来压低收购价格，当收购完成后，被收购国有企业必然变成私有化公司，导致国有资产大量流失。有人戏称，国有企业 MBO 已经成为中国“最暴利的产业”、“最后一桶金”。MBO 成为当时中国最热门的英文缩写之一。

10 年前，中国式 MBO 被称为布满鲜花的陷阱。当时的改制其实就是 MBO，但是当人们提到改制的时候，都是有一定的负面想法。10 年后，中国的 MBO 在民营企业改革中另辟蹊径。华为的 MBO 事件在业界可以说被传为一段佳话。在 2013 年的 1 月 28 日，我通过微博向公众宣布离开新华都，重新出发，我的重新出发是通过一种对港澳资讯进行重组的MBO全新模式进入了的管理层。于是在这个重新出发的过程中，很多人开始来关注MBO是什么，中国有没有这样的案例，今天就让我们来揭秘中国式MBO。

| 中国早年的MBO造成了国有资产的流失 |

在中国改革开放初期，很多国企做了很多的MBO，也就是现在我们所谓的管理层收购。那个时候有一个最具代表性的词语，叫改制。其实改制就是MBO。但是当人们提到改制的时候，其实很多人对这个词有一定的负面想法。为什么？因为在改制过程当中出现了很多不规范的操作。很多人想改制，想MBO，其实到最后就是把国有资产侵吞为自己所有。在中国早期的改革开放过程中，国有企业的资产通过改制造成了大量流失。

过去中国的企业几乎全是国有企业，大家都希望通过改制的方式提升效应，所以企业的管理层就开始对企业进行评估。在当时还没有一个专业、公平、合理的评估团队，都是企业自己在做评估，而且估值评估得很低，跟市场价值完全不一样，评估后就由我自己来购买，于是就占为已有了。

当时所谓的改制都是以企业的净资产方式进行评估，相当不规范，无论是土地还是楼房的价值都被评估得非常非常低，企业的设备基本上也都是按照废旧、报废来打折，当作废铁、废钢来处理。

所以当时很多国有企业的改制，基本上都是以废铜烂铁的方式卖给了企业的管理层，于是当时的管理层就通过很少的资本收购了一个国有企业。在管理层的带领下，企业的资产得到了10倍甚至更多倍的提升，从此走上了富裕大道。

所以说中国很多民营企业的成长过程,都是和我们的MBO,也就是改制是息息相关的。

华为MBO:中国民企最适合MBO

有人会有疑问,到底哪些企业适合做MBO呢?

首先,我认为中国的国有企业是绝对不适合做MBO的。如果30年前国有企业不去做MBO的话,很多的国有资产就不会那么轻易地流失了,真的是付出了沉重代价,这是一个很惨烈的教训。现在国有企业的MBO几乎看不到了,但还是有很多企业可以做MBO,而最适合做MBO的我觉得是中国的民营企业。

在众多中国MBO的案例中,华为的狼性文化和全员持股的模式给大家留下的印象可能更深一些。企业发生需要所依靠的最终力量是什么?还是要靠员工。华为跟其他公司相比有一个不同的地方,就是华为的每一个员工都间接地持有华为的股份,或者说至少可以获得华为的利润分红。我觉得这种非直接的方式开了中国企业改制过程当中一个非常重要的先河,给企业的发展带来很大的变化。华为的MBO事件在业界可以说传为佳话,是一个非常典型的事例。

华为MBO跟传统意义上的MBO有一个很大的差别,也是我觉得他们做得很绝的地方。那个时候想要MBO相对来说是比较缺资金的,所以华为告诉员工只要出一部分钱,大约10%,剩余的90%从银行借,最后做一个定向增发。这样的话,华为公司把员工的钱和银行的钱全变成了华为的现金流，这是一种非常聪明的方式。虽然华为看上去是做了股份的稀释，但其实获得了大量资金。因为公司员工向银行借了款，所以在某种意义上说，华为牢牢地把员工套住了，这就建立了企业的长期激励机制。通过员工和银行的杠杆效应，华为获得了大量资本，据说通过 MBO，华为很快融得了五六十亿元资金，解决了公司的资金需求，有力地支撑了华为对国际市场的投入力度，也就有了近两年在海外市场的大规模突破。同时，华为的 MBO 又给公司的全部主管上了一把“金手铐”，因为购股款是员工自己从银行贷款的，是用全家的财产抵押的，如果华为出现风险，那么自己的全部身家可能都会有危险，聪明的华为用 MBO 既获得了巨额资金，又加大了对员工的激励作用，可谓一举多得。

神州数码 MBO：化繁为简，拥有更多决策权

除了华为，其实神州数码的 MBO 也曾经轰动一时。神州数码的 CEO 叫郭为，是我非常好的朋友。当年我在微软的时候，神州数码是微软四大分销商中最大的一个，业务往来让我们之间有过很多次接触。当时的神州数码其实是联想的一家子公司，而联想是中科院控股的公司。大家都知道中科院是国家机构，所以从某种意义上来说，神州数码是国有企业。

众所周知，联想集团和神州数码两家公司是从联想这个大品牌中拆分出的两家公司，然而联想集团近年发展神速，神州数码却一度陷入了停滞状态。2007 年 8 月，“IT 业界最大 MBO”在神州数码上演。当时持股 47.43% 的大股东联想控股将 29.6% 股权出售给赛富投资基金、弘毅投资和 IDG 三家基金，神州数码的另一股东 GA 将 13.34% 股权出售给神州数码 CEO 郭

为和赛富投资基金。赛富成为单一最大股东;联想控股的持股比例降为16.23%,为第二大股东;郭为以10.29%的股份比例成为第三大股东。MBO完成后,郭为出任神州数码董事局主席兼CEO,全面掌舵这家从联想拆分出来的公司。

进入“郭为时代”的神州数码,仅用了两年时间,就充分释放出了管理层的活力,市值翻番,盈利也增长了两倍有余。

神州数码的MBO在当时具有很重要的战略意义,因为最开始神州数码是不受上面重视的,过去的企业决策过程很复杂,神州数码是一家国有企业,中间隔了很多层的国有企业:联想,中科院计算机研究所,然后是中科院、国资委等等。我们都知道,一个重大的决定在国有企业体系当中是需要层层汇报的,这给神州数码的发展造成了一定的局限性。郭为收购股份其实也是稀释了联想的股份,当联想成为第二大股东的时候,企业的决策过程相对来说就简单得多,郭为也拥有了更多的决策权。

| 新浪MBO:和我有那么一点关系 |

一提到新浪,那故事就多了。我在七八年前就开始关注新浪,我觉得新浪会在中国互联网的未来扮演一个非常重要的角色,会成为最大的媒体。我相信今天在某种意义上来说,新浪已经成为中国最主流的媒体。8年前新浪还没有现在这么强大,但是我已经非常看好它。当时我在盛大网络做总裁,正好盛大拥有很多现金,于是我就在思考如何把这笔现金通过资本运作的方式再融一笔更大的资金。在一个晚上,我们偷袭了新浪,通过二级市场上的大量买入,花了三天的时间成功地收购了新浪19.5%的股份,最后居然成为新浪第一大股东。这就是名噪一时的“盛大偷袭新浪”事件，其实我就是主策划人。这在中国的股票市场上是很难做到的。

当时新浪高层都很着急，很多高管放弃了假期，都赶回来开会。他们想了一个我觉得特别有战略眼光的对策，叫做“毒丸计划”。毒丸计划是反对恶意收购的股东权益计划，正式名称为“股权摊薄反收购措施”，在美国的使用相当普遍。新浪“毒丸”计划的核心是：如果盛大及关联方再收购新浪0.5%或以上的股权，现有股东可以行使权利以半价增持新浪股权，以图摊薄盛大持股，令收购计划无功而返。

虽然当时我们已经成为最大股东，但还不是董事会的成员，所以他们秘密召开董事会，讨论并实施了毒丸计划。最终我们还是放弃了偷袭新浪的计划，但是我们通过股票套现获得了7 000万美元的纯收益。

这次事件也暴露出当时新浪股权分散的严重性，差点就被盛大并购了。于是他们开始很多种尝试，试图改变新浪的股权结构。2008年底，新浪增发4 700万普通股合并分众传媒旗下资产，但商务部在该案设定的交易期限内未作批复，新浪担心面临价值大跌的风险，所以在2009年9月28日这天宣布合并失败的同时，新浪MBO方案隆重出台。

当时实施这个方案的就是新浪的CEO曹国伟，他通过定向增发的方式，花1.8亿美元购买了新浪近10%的股份，成为新浪的最大股东。其实新浪的股份是非常零散的，通过这种方式让曹国伟的团队拥有了巨大的决策权、经营权，让新浪可以更加稳定地发展。

所以说这件史上著名的MBO事件跟我还有那么一点关系。如果当时没有偷袭它的话，或许也不会这么快就暴露出这么多的问题。

| 港澳资讯 MBO：中国商界史上第一个真正意义的 MBO |

2013 年 1 月 28 日这一天，对于我而言是特别的一天。这一天我对外宣布将告别服务了 5 年之久的新华都集团，重新出发。同样是在这一天，我在随后的微博中表示，我和港澳资讯高管共 15 人完成了对港澳资讯的 MBO，共同出资买下港澳资讯 62% 的股权，成为港澳资讯的股东及掌舵人。

MBO 最先来自国外，我们港澳资讯的 MBO 模式更像国外的 MBO 模式。一般就是管理层觉得这家公司有未来的发展空间，但是很多决策受到大股东的制约，想摆脱这样的制约怎么办呢？于是我们就通过这种资本运作的方式，让大股东首先套现他的资本，因为你虽然拥有股份，但是却无法套现，这其实还是所谓的纸面财富。但是管理层可以去外面融一笔资金，承诺给融资方一些条件，就是一个对赌协议，管理层将来会为出资方提出多少的投资回报，然后把大股东的股份收购下来，这就是港澳资讯的 MBO 模式。

我想做 MBO 已经是一年多前的事了，我跟港澳资讯的最大股东陈发树先生提出了这个想法，我想让我们的管理团队拥有港澳资讯的股份。他很爽快地答应可以给港澳资讯的管理团队每个人都分一些股份。这是中国很多老板共有的一种想法，不愿意失去控股权，而股份就是一种激励方式。但我们更希望可以拥有决策权，很多重大的决策可以让我们来做主。于是我给他讲了一个故事，今天的比尔·盖茨只拥有微软公司 7.1% 的股份，但是比尔·盖茨却是世界首富。所以说对于一个投资者来说，拥有公司多大比例的股份其实并不重要，更重要的是公司的价值。

于是，港澳资讯的 MBO 模式从此就开始启动了。

其实 MBO 是中国民营企业未来发展非常重要的模式。让管理层来持股，我们称之为“管理层激励”。我相信在不久的将来，会有更多的类似于港澳资讯 MBO 的模式出现在我们中国的企业发展过程当中。我也希望通过这件事给公众带来一种全新的企业发展的模式，更重要的一点，是让企业变得更大、更强，让我们的管理团队和员工获得更多的回报。

16 卖不动的新能源汽车

近年来,“PM2.5”这个词因其代表的危害性成为大众关心的热点,而汽车尾气则被认为是制造 PM2.5 的元凶之一。2013 年 2 月 1 日起,北京市正式实施第五阶段机动车地方标准,简称“京五”,与欧盟目前执行的排放标准接轨,不符合“京五”标准的车型在 3 月 1 日前彻底退出北京市场。

同时,在近期多地多日雾霾天气的背景下,社会各方对“国五”标准何时出台更加关注,届时对于汽车尾气的排放要求将更加严格。在这样的大背景下,号称零排放无污染的新能源汽车似乎迎来了春天。然而实际数据显示却并非如此, 2013 年,我国汽车销量超过 2 200 万辆,而新能源车销量仅为 17 642 辆。相对于我国 1.37 亿辆的汽车保有量,其中不到 5 万辆的新能源汽车显得微不足道。新能源汽车的发展究竟遇到了怎样的瓶颈? 怎样才能真正普及环保的新能源车型?

环保新能源汽车已经有二十多年的发展了。从最早的用各种可能的替代能源,包括氢、氢电池,到后来发展成油和电的混合。现在我们说的电动车就是纯电动车,这被各行业、政府专家,包括很多消费者都认为是发展的方向。纯电动车为什么现在还不太成熟，原因就在于它的一个核心技术问题——锂电池。车的尺寸空间是有限的，电池装得多车内就没有空间。还有一个原因——成本，电池很贵。

| 中国最贵的不是房价，而是上海的一块铁皮 |

其实中国政府也知道要推新能源汽车有很大的难度。中国政府出台奖励计划，最简单的就是通过补贴的方式，2012 年 12 月 28 日，上海市公布新能源车补贴办法。根据规定，2010 年 5 月 31 日后，在上海购买符合相关标准新能源车的消费者均能获得上海地方的资金补贴。其中纯电动车补助 4 万元/辆，插电式混合动力车补助 3 万元/辆。加上国家对于纯电动车最高 6 万元、插电式混合动力车最高 5 万元的补贴，同时新能源车免费获得专用上海牌照，以最新沪牌拍牌超过 8 万元的价格，购买新能源车实际最高可获得超过 18 万的优惠。

如今，新能源车由政府补贴改为直接减免税费。然而，面对如此给力的政策利好，购买新能源汽车的消费者仍然不多，个人购买更是只占新能源汽车销量的不到 10%。消费者对于新能源汽车的顾虑究竟在哪里？

新能源汽车的充电是插电式的。现在举目望去，就说在上海，中国发展最好的城市，没几个供电站吗？我没有看到，一次都没有看到过。

而在国外，新能源汽车充电有两种方法。国外一般有很多人都是自己有住宅，在家里就能充电，买一个小的设备，晚上汽车停在车库里就插电了。

第二种方法是专用的插电站，像加油站一样的。在欧美很多国家，员工开车上班，国外的很多大企业拥有大停车场。公司在停车场内为员工提供的福利就是插电站，比如说谷歌。

新能源汽车姓“电”不姓“汽”，目前大部分新能源车，无论是弱混合动力车、插电式混合动力车还是纯电动汽车，它们都离不开电，更准确地说是离不开“电池”。因此，如何解决好充电难的问题与新能源汽车的发展息息相关。除此之外，新能源汽车在续航能力方面的表现也差强人意。

尽管新能源汽车在很多方面还存在不足，但是仍有消费者为它买单。除了环保方面的因素外，新能源汽车在省钱方面也确实做得相当好。

比如一个人上下班是开汽油车，即便是1.0排量百公里油耗也有5 L；使用电动车的话，百公里电费不足10元，折合92号油耗标准为1.2 L/百公里左右，不到原先汽油的1/4。

|中国造，贾斯汀·比伯的最爱|

中国电动汽车的发展过程也走到了一个误区。因为中国新能源汽车最核心的技术是它的电池技术。据我了解，中国的新能源汽车中，我们缺乏的就是核心技术，当你没有一个核心技术的时候，你怎么发展？中国那么多的汽车用户，我们说未来可能10年、20年以后的一个重大的市场机会，就是新能源汽车。但是在这个巨大的市场机会当中，我们反而是没有核心技术。现在中国也在找核心技术。东风汽车在收购美国的一个电池厂家，其他的一些相关联的公司也在不断地去买美国新能源汽车核心技术或者新能源核心技术当中一些生产电池的厂家。

美国新能源跑车公司菲斯克是位于美国加利福尼亚州的小型汽车制造商，主要业务是为顾客提供专门手工打造的豪华混合动力跑车。然而，当著名歌星贾斯汀·比伯驾驶着他那辆耀眼的银色菲斯克电动跑车在路上飞驰时,他还不知道自己坐骑的核心模块,电池供应商美国 A123 系统公司已经更换主人了。

2013 年 1 月 28 日,中国万向集团宣布成功收购被认为是美国最先进的锂电池制造商 A123 系统公司,包括其锂电池制造技术。然而这笔涉及 2.56 亿美元的交易却没有被市场看好。A123 公司曾在美国发生多起锂电池召回事件,导致经营陷入困境。不仅如此,虽然它曾拿下通用汽车、宝马等企业订单,但是由于需求不足和投资过大,它在过去十年陷入亏损,甚至向美国破产法院提交了破产申请。而且,业内普遍认为万向收购 A123 之后,有可能在五六年之内都无法真正掌握其核心技术,反而会因此中断自身的锂电池研发进程,阻碍我国新能源汽车核心技术自主研发的进程。

丨悲哀,花钱也买不到核心科技丨

现在中国的很多企业有点盲目。你去买这些本身技术还不成熟的公司有什么用呢?上汽跟南汽曾经共同收购了英国的一家公司,包括这家叫罗孚的新能源汽车的核心技术。花了 1.2 亿英镑去买了人家的这个技术,买回来以后找不到核心的人员来做后续开发。所以中国在新能源汽车这个领域里面,有很多地方需要反思。

电动汽车发展很快,昨天的好东西今天可能已经过时了,不断有新的东西在推出,收购其实只是一个手段,目标就是一定要拥有自己的核心知识产权,自己的核心能力,并且可以持续发展。中国目前汽车企业本身,无论是造传统车还是造电动车,缺乏这种视野,都是急功近利。

日本发展新能源汽车有将近50年，欧洲也有自己的欧四、欧五的标准，那它们在发展新能源汽车的各自的侧重点上面有什么不同吗？

大家认定的最终目标都是插电式的纯电动。但是在发展过程中，欧洲更注重多头并进：插电式的电油混合车、非插电式的电油混合车以及纯电动车。让大家共同来解决现实的问题。要环保，不能等，所以只要有好的解决方案，只要消费者能接受，都是好的解决方法。

总结来说，第一，它的侧重点是多种方案并行，因为你要解决一个减排的问题；第二，核心技术电池的寿命，哪个电池的使用更经济，体积更小，这是一个发展的重点；第三，标准化，就像普通汽车从150多年前没有标准到后来变成标准化，也就是说，新能源汽车的零配件、标准、插电器等等要标准化。

| 弯道超车的机遇 |

中国政府现在发展新能源汽车方面用四个字来形容，叫弯道超车。弯道超车本身不见得是一件坏事，从插电式电动车这个角度来说，在全球范围内其实大家都还没有走到最后一步，大家都在摸索的过程中。最终的市场和结果还没有产生，那么在这样的情况下中国是有机会的。中国最大的机遇就在于中国是世界上最大的汽车消费市场。用市场来带动核心技术的共同研发，比如锂电池寿命、锂电池体积、锂之外是否还有其他材料能够更经济有效。

在这一轮电动汽车的发展中，即最近的10年来，政府起了很多作用。不光中国政府，包括欧美的政府，比如最近两三年，欧盟和美国政府都出台了相关政策,从扶持企业的发展科技到消费者的减免税和津贴。这一轮的电动车发展有三个因素,一个是制造商也就是产业链,一个是传统的消费者,再加上很重要的因素就是政府公共机构,而这个在过去的发展中是没有的。由于这样的一个推动,我们可以谨慎乐观地估计,从商业化到真正使用的距离会缩短,使得消费者能够更快地进行消费。

不是说通过政府补贴就可以让大家消费新能源,我们还需要更多基础设施的建设。对中国的企业来说,不是通过海外收购就能拥有核心技术,自身的核心技术需要从国家层面来研发,这才有可能让中国的新能源汽车不至于落后欧美。因为这是一个未来,我们不希望输在未来。所以我们希望更多人共同关注新能源汽车,特别是其核心技术。

17 中国人的房地产情结

中央电视台做了一个有关中国梦的采访调查。回答最多的是什么？是希望拥有一套房，或者说让中国的房价变得更加合理。确实，中国的房价太贵了，为什么老百姓就那么在乎要拥有一套房，这问题关键在哪里？我们试着揭秘一下中国的房价，以及有关房子的那些尴尬事。

一个字：贵

我在日本生活过几年，在美国生活过几年，又回到了中国。中国属于发展中国家，但这个发展中国家只有一项指标达到发达国家的水平就是中国的房价。我们先从绝对值来看，在上海，或者是中国的一线城市房价都在一平方米两三万左右，但你看美国的绝对房价是什么呢？一平方米差不多就是5 000元人民币，这个绝对值就有这么大的差异。再来看相对值，什么叫相对值？就是你的收入和房价的比例，在中国可能你要工作20年，不吃不喝，才能买一套100平方米的房子；同样在美国，你只要花5年的时间，就可以买一个200平方米的房子。这就是中美之间的差异，所以怪不得中国的老百姓都在抱怨中国的房价太贵了。

所谓房价收入比，是指一个国家每户居民的家庭购房总价与家庭年收入的比值，该标准用于描述一个地区居民购房的支付能力，按照国际惯例，当一个地区房价收入比超过5，就被认为该地区房屋购买力极低；房价收入比超过6就会被公认为属于房地产泡沫区；当房价收入比超过7就会被世界上公认为国际房价最难承受地区。据调查，2012年我国城镇房价收入比为12.07，国内一线城市房价收入比高达25.25，研究结果表明，中国城镇现在的房价对于普通居民来讲过于昂贵，如果按照房价收入比12.07来计算，意味着一个城市家庭12年节衣缩食才能买一套房。

|两个字：捂、囤|

为什么中国的房价就是只有涨没有跌，我觉得有几个方面的原因。第一个最重要的原因是，土地的供应量。这是个最大的问题，因为房子的可建筑面积少，在上海市区，基本上看不到可以建房子的地段，供应量少，稀缺。

限购这件事情本身就说明它是一件好东西，只有好东西才限购，是稀缺它才限购。就是我先给你挤掉一点儿泡沫，至少政府是想通过这种方式先把一点儿泡沫挤掉。

而美国，美国所有的土地都可以开发，当然土地都是私有的嘛，充足的土地供应量造成了美国的房价高不到哪儿去，而中国的建筑成本加上所有的营销成本，每平方米在7 000元左右。

然而只值 7 000 元的一平方米要卖 30 000 元，除了土地，中国房价贵的另外一个原因是什么？是开发商。

开发商一些盘可以卖，但他捂个好几年，他有两个字，一个“捂”，一个“囤”，他把手头的东西藏起来了。

作为商业行为，这样做没有问题，但是问题在于不公平的竞争。改革开放三十年，一部分人先富起来了，先富起来的人手中拥有太多的现金资源，拥有太多的土地资源，他们把土地囤在手里。几个不同方面的原因造成了房价飙升，一方面是土地的价格，另一方面是蜂拥而至的房地产开发商。

早在 2010 年，上海绿地集团呼和浩特置业有限公司、内蒙古金隅置地投资有限公司等 27 家企业就曾因存在捂盘惜售等行为受到监管部门通报并被责令 15 天内整改，然而房地产开发商捂盘惜售却屡禁不止。2013 年 3 月，北京市新盘的开盘量原本预计有 36 个，而 3 月份已经过去大半，实际开盘量只有 7 个，由此可见大部分开发商都采取捂盘惜售的销售策略。不仅如此，房价在高位徘徊，还在于房地产开发项目中，有接近一半的费用需向政府支付。从具体城市来看，房地产企业项目开发中，土地成本占直接成本最高的为上海，达 52.8%，其他城市的所支出费用中，流向政府的所占比例也有 49.42%，专家表示正是对房地产业的高税费和土地财政导致，这就意味着政府的财政支出由买房者来承担，也就是说谁买房谁就要承担当年政府财政支出相当大的一部分。

根本上还是供求关系的问题，比如我们所说的小产权房、农村宅基地，因为要守住 1.8 亿亩的耕地红线，所以一部分土地是不能动的，但是我们看到实际的情况，我走访过很多农村，像浙江，有很多宅基地都是荒废在那里，没有人住，有没有盘活这一部分供应量的可能性。其次从需求方面来看，在租房方面还应该有更多的规范，给出租房更多安全感。

丨你凭什么要买房！丨

我觉得中国年轻人的价值观需要改变，你凭什么35岁之前就想拥有一套房子？中国的小姑娘也是，你凭什么结婚就要有房子？我是无房族，我回国已经15年，过去的15年我始终觉得中国的房子太贵，所以我从开始到现在就坚决不买房，我也告诉大家，未来的15年、30年，中国的房价还是像现在这样，我还是坚决不买房。

有人问我，15年前你没买房，这15年正好是房价狂涨的15年，你后悔过吗？

从来没后悔，房价贵成这样还有什么好后悔？15年前我就觉得房价贵，15年前我回到上海的时候，上海相对比较好的房子，差不多都是在5 000元一平方米，我还记得当时徐家汇有个楼盘叫做“新加坡”，4 700元一平方米，我在西雅图买的房子正好也是一平方米4 700元，两个房子一对比，“新加坡”这个楼盘的房价就太贵了，我在西雅图的房子那叫别墅，带着花园带着草坪。一看房价太贵，我不买，我这个人不是舍不得花钱，我是把钱花在合理的价位上。

在上海租房的价格非常合理，你买房的这个钱，放在银行里的利息，绝对可以租一个比你现在买的好得多得多的房子。

中国的房价基本上是到顶了，中国是个发展中国家，发展中国家收入相对来说比较低，但是你别忘了，我们的房子比东京贵，上海的房子比东京贵，比纽约还贵，你说怎么可能呢？这里面只能用两个字来形容：泡沫。外国人看，中国人怎么这样，房子有那么重要吗？

我们公司也有很多小姑娘说：没房子我们暂时不考虑结婚。我说你跟房子结婚还是跟人结婚啊？给你个房子你就和他结婚了？如果我跟你谈恋爱，我就告诉你我没房子，你是不是就不考虑了？

中国人的心态有问题，你二十四五岁，你买什么房？美国人的平均购房年龄是35岁，就是大学毕业22岁，工作了10年，稍微有那么一点儿积蓄，美国人本来就不爱存钱，差不多需要花个10年时间，有点积蓄买个房子，基本上首付花个20%。这才是一个合理的购房年龄。

|房地产晴雨表：婚姻登记处|

受房价和限购政策的影响，除了房屋交易中心之外，有个地方被称为房产晴雨表，这就是婚姻登记处。以新"国五条"颁布为例，近日全国各地登记处前来办理单身证明的人明显增多，而且多数都和买房有关，在内地多个城市出现的由新政引发的离婚潮现象、老年人补办婚姻证明的数量，也比平日大增。

新政策出台之后，上家要把房子卖给下家，但是税很高，所以为了避税，上家先离婚，然后这个房子归男方所有，下家也先离婚，房子归女方所有，然后上家和下家分别再结婚再离婚，再重新结合的时候，房子就自然而然地属于下家了，这个税也避掉了。类似的事情很多，特别有意思。

这让我觉得在中国人心中房子比什么都重要，比婚姻都重要，因为为了房子可以把婚姻关系全部颠倒，而且离奇地颠倒，更有甚者假戏真做、弄巧成拙。

一项调查显示，2010年北京首套房贷款者的平均年龄仅27岁，相比之下，其他国家首次购房者平均年龄都在30岁以上。近年来，房价飙升，居高不下，房子已经成为许多年轻人婚姻的拦路虎，而在国外年轻人大多选择租房。在德国，初次购房或建房者的平均年龄高达42岁；在美国，52%的首次购房者年龄在31岁；在比利时，许多人都是在35岁之后开始买房。当国外的大部分同龄人在为自己的一套住房而奋斗时，很多中国年轻人却坦然向父母伸手要钱买房。国内绝大部分年轻买房者都要动用“父母银行”，即由父母承担首付款；同时调查也指出，砸锅卖铁买来的房，不一定让人变得更加幸福，67.3%的年轻买房者感觉负担沉重，生活水平下降。

在美国的时候我也租房，在美国租房也很贵，贵到什么程度？基本上工资的1/3是用来租房的——这样也比较合理，因为这样你会过上一种跟你的收入相对比较匹配的生活。住是一个人的基本需求，从租房的性价比来说，在中国租房要比在美国租房来得便宜，但是中国的房东比较强势，你租我的房子，你就随随便便可以租，我想你走你就得走；如果是在美国的话，租客反而是一个比较强势的心理，因为有合同，如果租客是一个经济条件比较差的人，比如没有固定工作，即使他付不起房租，房东也是没有权力赶走他的。

这就是美国和中国的不一样，美国租房时会做背景调查，叫“background check”，你要填一个表格，你有没有工作，工作在哪里，还需要在职证明书，就基本上不会发生被房东赶走的事情，一旦发生，反而会受到保护。

我要租一辈子房

中国租房的性价比虽然高，但是也要做好法律保障。与其买房子，还不如拿工资的1/3,租一个相对舒适的房子,你的生活水平大大提高。不管房价是不是看着明明要涨,也千万不要把所有的钱砸到房子里面,在我看来唯一能做的,我改变不了这个社会,但我可以改变我自己,房子贵,我就是不买,学唐骏模式,不买房,只租房,我未来租一辈子的房,只要房价不回到合理区间,我就是不买房。大家都拥有这个心态的话,房价怎么可能往上涨?

买房不是必须的,但可能是需要的。你有很多个选择,比如你可以把这钱用来读书、投资,是应该花到某一个地方,但应该根据自己的需要来做,而不是一定要去买房。

很多的中国人把拥有一套自己的房子叫做自己的中国梦,我相信国家从各个方面,从社保也好,从养老保险也好,在各个方面会给我们中国人带来更多的安全感,那个时候房子就不再是你唯一的中国梦了。我也有一个中国梦,这个中国梦就是希望中国强大,不仅仅是物质上的强大,希望这个强大是中国人到任何一个地方都受到世界人民的尊敬,这才是我真正的中国梦。

18 马化腾的企鹅王国

在人们生活当中，互联网是离不开的，在互联网当中有一个叫 QQ 的软件，现在你也是离不开的，随时随地它都跟随着你。

在两会期间，腾讯公司董事长马化腾提出了一个议案，鼓励科技企业进行金融平台建设。明白的人都知道，腾讯的一贯手法是通过这种八爪式的方式进行扩张，他们从即时通讯到游戏，再到搜索到电商，现在它们的“爪子”又开始摸向金融方面，很多人马上就跳起来了，招商银行的马蔚华就开始说了，“狼来了”的这种感觉，因为腾讯只要想做什么，它总有办法去超越别人。

一直在模仿，从未被超越

腾讯的模式让人很担忧，它有一句话叫做：我一直在抄袭，每次抄袭我都能超越。这就是腾讯的所谓理念也罢，或者做事的风格也罢，QQ 就是从

ICQ 开始起家的，它抄袭了 ICQ 的全部，但不只是抄袭，同时做了很多改进，这就是腾讯厉害之处。我们知道当时在做即时通讯的不只是腾讯一家，有微软的 MSN，也有雅虎等等一系列即时通讯软件，在中国市场上也有很多种这样的软件，但是为什么偏偏腾讯成功了，而其他却没有成功？

当年我担任微软中国的总裁，我们的聊天工具叫 MSN。MSN 刚出来的时候其实非常风靡，特别是上班族用的很多。他们觉得上班的时候挂个 QQ 特别不正式，如果挂个 MSN 的话显得非常官方，但是为什么后来很多人又转头走向了 QQ 的怀抱呢？就是觉得 QQ 的功能非常强大，比方说它的说说表达心情想法，还有日志，很多人喜欢写日志。它不仅仅是一个即时聊天的通讯工具，这就是 QQ 的伟大之处。中国网民，95% 以上都是 QQ 的用户。

腾讯公司于 1998 年 11 月在深圳成立，是中国最早也是目前中国市场上最大的互联网即时通信软件开发商。1999 年 2 月，腾讯正式推出第一个即时通信软件腾讯 QQ，并于 2004 年 6 月 16 日在香港联交所主板上市。一路发展至今，从曾经的 OICQ 到今天的腾讯 QQ，腾讯成为中国最大、全球第三大互联网公司。

腾讯的成长过程在得到喝彩与质疑声的同时，也深刻地影响和改变了数以亿计网民的沟通方式和生活习惯。1999 年底，腾讯 OICQ 拥有 10 万用户，最开始其盈利的重要渠道之一是销售 OICQ 号。2002 年 3 月，QQ 注册用户数突破 1 亿大关之后，腾讯借用类似韩国社交网络的运作模式销售虚拟物品。2007 年腾讯收入真正地腾飞，来自于其涉足大型网络游戏。以 2012 年调查为例，腾讯高度依赖最热门的两款游戏——《穿越火线》、《地下城与勇士》，这两款游戏约占到腾讯总收入的 35%。由此可见，游戏领域对于 QQ 的成长和收入来说都是一块不可放弃的“肥肉”。

那些挣钱的游戏几乎是通过复制“别人的成功”成功的，国外做成功了，腾讯来代理。它的风格是什么呢？到处去学别人，我去复制别人，我来超越你。盛大是什么？盛大的战略模式很简单——我去收购，所以盛大做了很多收购兼并的工作，当时我们做的棋牌类游戏，但是后来我们发现腾讯开始做棋牌类的游戏，一看到腾讯做棋牌类，我就知道这个结果是什么。我说我们肯定会输，这个输的原因是什么呢？只要腾讯一来做，基本上势不可当，所以最后的结果你看到的是腾讯的同时在线人数不断地往上增。我经常看到很神的就是，在国外根本不可能发生的事情，中国很多人名片上会写一个 QQ 号，QQ 号跟手机号码几乎是处在一个同等的位置。

当年我代表盛大去华尔街做路演的时候，盛大游戏的同时在线人数差不多是 256 万，而在那个年代，2007 年的时候，QQ 的同时在线人数差不多是 300 万。盛大有一款休闲游戏非常流行，是当年全中国最流行的一款休闲游戏，从韩国引进，叫《泡泡堂》，同时盛大还有一款游戏《传奇》。两个拳头产品，《泡泡堂》和《传奇》，《泡泡堂》很赚钱，《传奇》赚的钱更多，腾讯的"流氓"之处在于它只复制《泡泡堂》，为什么呢？因为它觉得《泡泡堂》相对比较容易，休闲游戏嘛，回合制的休闲游戏，所以我就复制你，而只要我复制，我就要超越你——超越，这是腾讯的一个理念。

| 3Q 大战：完全不平等的战争 |

回首"3Q"大战始末，2010 年 11 月 3 日晚，腾讯发布公告，在装有 360 软件的电脑上停止运行 QQ 软件，360 随即推出了 WebQQ 的客户端，但腾讯关闭 WebQQ 服务，使客户端失效。2010 年 11 月 10 日下午，在工信部与三部委的共同干涉下，腾讯与 360 兼容。2011 年 4 月 26 日，腾讯起诉 360

“隐私保护器不正当竞争案”做出判决，奇虎被判停止发行360隐私保护器，赔偿腾讯40万。2012年4月中旬，腾讯和360之争再升级，双方闹上法庭，互相诉讼索赔过亿元。2013年3月29日，广东高院经审理后认为由于原告奇虎公司对该案相关产品市场界定错误，其所提供的证据不足以证明被告在相关产品市场上具有垄断地位，故驳回原告全部诉讼请求，并由原告承担79.6万元全部诉讼费用。至此，在“3Q”大战引发的三场诉讼中，360输两场。2014年2月24日，最高人民法院驳回了奇虎360的上诉，维持一审法院判决：奇虎公司构成不正当竞争，赔偿腾讯公司经济损失及合理维权费用500万元。作为互联网不正当竞争的第一案，500万元的赔偿金额也创下了互联网迄今为止最高的判罚金额。

“3Q”大战当时在网上让很多人来表决，是支持腾讯支持QQ，还是支持360，很多人还是选择了QQ，360我还可以用别的方式来取代，但QQ是没有办法来取代的。因为很多朋友圈都在QQ上，所以当你在做选择的时候，毫不犹豫地选择了QQ这一面。

| 上市公司，还是多用脑子的好 |

有人问我赞同腾讯的做法吗，看到其他产品比较好，就学习过来自己用。我觉得作为一家小公司，这么做为了生存，不是无可非议，我把它叫无可奈何；但是当你是一家上市公司，中国互联网的标杆，又是一家广受业内尊敬的公司，我觉得有那么一点点不厚道。毕竟是人家拥有知识产权的东西，把它拿过来，稍微做一些加工，修改修改，换换皮肤，然后就变成你的产品，我觉得不管在法律上还是在情义上，都很难解释。

同样的情况,第一,它会不会在国外也出现,就是国外的公司有没有也是抄袭同行业比较好的公司的行为?第二,它目前在中国的法律监管上是空白的吗?对此有没有约束?这一点在国内的法律上确实是一个空白,但是腾讯它不是简单地抄袭,如果它简单地抄袭的话,那我相信一定会受到法律的制裁的。

凭借庞大的用户规模和天然的客户端资源,腾讯逐步将业务延伸到互联网的诸多领域,并在各领域均抢下较大的市场,让人不得不感叹腾讯的扩张力之大。而在取得成就的同时,关于腾讯抄袭的新闻也从未间断,从网络游戏到电子商务、影音播放等等,均有腾讯涉嫌抄袭的身影。

以播放软件为例,2010 年 10 月 14 日,音乐客户端软件厂商酷狗发表声明,公开指责其竞争对手腾讯旗下 QQ 音乐"抄袭",并指责其"竞争手段低劣,毫无创新"。酷狗方面称,腾讯公司推出的 QQ 音乐 2010 正式版软件产品主打功能"歌词逐字定位"与酷狗音乐两年前就已经申请专利的"逐字精准歌词"技术和原理相似度高达 90%。

一路走来危机重重,腾讯又是怎样运用自己的方式化解危机,为自己的发展添砖加瓦呢?

其实腾讯在发展的十多年当中,面临过不少竞争者的挑战,包括开心网的兴起。但为什么一旦 QQ 把别人的东西学过来,所有人又转头走向 QQ 呢?

这是它本身的商业模式所带来的效应。第一,它有巨大的用户群体,黏性很强。QQ 断线了,用户过个两分钟还会去上 QQ,所以用户的黏性程度上,腾讯拥有中国最强的用户黏性平台。第二点,我把它说得好听一点,它在复制别人,而且在复制的时候,它做得很有趣。我从来不去吃螃蟹,这是腾讯;当别人吃完螃蟹告诉它说"哎哟,这个螃蟹是个好东西"的时候,好了，腾讯就开始了。它要评估能不能吃，能吃才去做。

鲁迅先生不是说过吗，拿来主义。腾讯做了一个非常好的拿来主义，拿来为自己所用。当然拿来主义是一个最简单的捷径。我只要做，我抄什么，我就能超越，腾讯这一点本事还是很大的。

我相信腾讯的研究员一定是在做一件事情：在研究市场上现在什么最流行。看到流行的时候，腾讯就开始来做自己的东西。

近两年，在移动互联网领域，微信可谓势头正起，更有一点儿“独领风骚”的意味。作为腾讯的明星产品，微信也成为腾讯走出国门、进军海外市场的利器。如今，微信在海外也成功虏获几千万用户。事实上，被视作为腾讯探路国际化的微信产品同样是“舶来品”。马化腾表示，微信创新速度已经超越了欧美的同类产品，如开放平台、商业模式的嫁接、朋友圈、音乐等社交功能，这些都是腾讯自己的创新，与原有产品有了很大区别，而“现在正处于弯道超车的机会”。

韩国人一款和微信相当的软件叫做 talkbox，最后就卖给了盛大。腾讯的伟大之处是在于它把 kik messenger（聊天软件）和 talkbox（聊天软件）整合起来，再根据对用户的使用习惯的了解，建成了它的微信。有报道说，微信在短短的时间里，已经拥有了三个亿的用户群体。

腾讯在二次创新上做得很成功。腾讯已经不止与小厂商在竞争，现在已经开始把它的竞争目标瞄向了中国的三大运营商。

OTT 是英文“over the top”的缩写，原本是“过顶传球”的意思，而如今 OTT 是指互联网公司越过运营商发展基于开放互联网的各种语言、视频以及数据服务业务，比如说，腾讯的微信。

OTT 对运营商的影响不止是从主角沦为配角那么简单，更是对通信网络的稳定构成威胁。2012 年 7 月，腾讯微信出了 4.2 版，增加了视频和语音通话功能，这也被认为继短信、彩信之后，腾讯终于对电信运营商最后的堡垒语音业务发起挑战，从而引发“腾讯将成为第四大运营商”的激烈讨论。随着微信对人们生活方式的逐渐改变，运营商“通话+短信”的基础业务也面临着巨大冲击。

中国移动的内部数据显示，截至目前，中国移动已经出现了前所未有的连续四个月通话收入负增长。所以中国移动、联通、电信都开始着急了。大家都开始叫腾讯太厉害了，就像刚才我说的，腾讯要进入金融市场融资这个平台的时候，招商的马蔚华都急了，你腾讯要进入金融领域，那我们这些做银行的、做保险的怎么办？所以这就是腾讯的八爪式模式，只要它进到一个领域，它就有办法对即成的这些领先者造成巨大的威胁。

我跟马化腾曾经聊过，他说腾讯是花瓣式的发展模式，中间做大了、做实了，什么时候开花，我不在乎，不急，为什么呢？只要我这个中心在，开花结果只是时间问题。微信是它的一个领域，电商、搜索、门户，它做一个成一个，将来这个花瓣会做得很大很大，这就是腾讯。

从商业角度来说我很赞同，因为它把用户牢牢地攥在手里。

对于中国最成功的互联网企业腾讯成功的秘诀，有人质疑它通过一些不正当、或者说抄袭甚至违法的手段获得了市场份额，也有人批评它利用自己垄断、强势的地位，排挤了其他的竞争对手。但我们想说的是，腾讯走到今天，一定有它成功的秘诀，无论从它的这种所谓的复制也好，或者说二次创新也好，其实它给这个产业还是带来了很多新的产品，无论是 QQ 也好，还是今天的微信也好，还是改变了我们的很多生活习惯，带来了很大方便。作为一家优秀的互联网公司，特别是像腾讯这样的让人尊敬的一家公司，需要的是什么？需要的是自主创新，真正意义上的创新的公司，让更多的人尊敬它。让我们期待腾讯有更大的发展。

19 上火的凉茶

几年前我们看电视，总有一个广告：怕上火喝王老吉。

但最近我在看电视的时候发现这个广告变了，变成什么样了呢：怕上火喝加多宝。王老吉和加多宝斗起来了，到底王老吉和加多宝是什么样的关系？加多宝又为什么在一个很短的时间内跃升为全国知名的饮料品牌呢？

加多宝和王老吉之间的渊源，要追溯到1995年，当年广药集团将红罐王老吉的生产销售权益租给了加多宝的母公司香港鸿道集团。2002年，王老吉销量仅1.8亿元，主要市场在深圳、东莞、浙南三个区域。2003年，在累计广告投放4 000万的强力推动下，王老吉劲销6亿并迅速冲出广东。2006年，王老吉乘胜追击，斥巨资购买央视黄金时段，由此广为人知，红遍大江南北，当年销售额达25亿。2011年更是以160亿元的销售收入超过可口可乐，成为中国饮料第一品牌。然而，两家公司之间的隔阂，也因快速增长的销售额而产生。

2002年至2003年间，加多宝母公司香港鸿道集团与广药集团签署补充协议，将王老吉租赁时限延长到2020年，然而，协议签订不久，时任广药集团总经理的李益民东窗事发，被查出收受加多宝300万港币贿赂，被判处无期徒刑。据此，广药集团认为王老吉商标被严重贱租了。双方从2008年起开始就商标问题进行交涉。直至2012年5月，中国国际经济贸易仲裁委员会做出仲裁决定，要求加多宝集团停止使用"王老吉"商标。

| 王老吉和加多宝，渊源之战 |

王老吉和加多宝，一个是国企，高举对方侵吞国有资产的大旗，一个是实力民企，宣称自己是红罐最早的设计者和使用者。2013年初，加多宝和王老吉在广告宣传领域展开了新一轮唇枪舌剑。加多宝此前的广告语"全国领先的红罐凉茶改名加多宝"被广州市中级人民法院判定停止使用后，随即推出的新广告语"怕上火，喝加多宝"、"中国每卖出10罐凉茶，就有7罐是加多宝"，充满着浓浓的火药味。而王老吉则高调宣布，将追加两项诉讼请求，要求加多宝消除虚假宣传负面影响。

加多宝和王老吉之间的凉茶之争，在品牌归属权尘埃落定之后，似有愈演愈烈之势。一向擅长营销的加多宝，更是在2013年"两会"期间，发布了致"两会"代表委员的万言书，称广药动用权力夺走"王老吉"商标，又欲对加多宝赶尽杀绝。该文在网络上转发过万，网友普遍同情加多宝。尽管广药匆忙发布"王老吉五问加多宝"反击，但收效甚微。针对加多宝在万言书中所称非公企业遭不公待遇，广药集团副总经理倪依东表示，我们心里感觉到很委屈，国企并没有得到政府太多的照顾和滋养。

所以在中国这是一件很有意思的事情，它们的争执已不只是品牌争执，上升了高度，王老吉是国有企业，加多宝是民营企业，就变成了国企和民企之间的纠纷。

"两会"期间加多宝打了一个悲情牌，告诉我们做民营企业真的是很惨，为什么呢？因为国有资本或者说国有企业在压制着我们，给我们的生存空间真的很小。全国人民都同情啊，因为中国人有一个特别好的地方是什么，同情弱者。听上去加多宝好像是很弱，好不容易养了一个小孩，养大了，小孩长大成人了，结果就被生母拿走了。差不多可以这样形容。

而广药一直在强调它是在贱卖，也有很多人同情广药集团，因为王老吉的价值如此翻倍增长的同时，它的商标使用费几乎没有增加，这么多年来，广药肯定心有不甘。

刚才说的广药集团一直在强调贱卖，我觉得贱卖不贱卖得从后面来看，你不能说我是在射箭画靶子，现在加多宝卖得很好，你说是贱卖，如果十七年前真的不能说广药是贱卖，你凭什么说它是贱卖，因为那个时候销量还不到两个亿，不到两个亿的饮料品牌的使用权就要接近五百万，我觉得一点都不贱；但是再回过来看，续签时销量已经超过了一百多亿，使用权还是只增长了10%、20%，这个我觉得叫贱卖，也可以叫做国有资产流失。

在这件事情上还有一个非常有意思的现象，就是我们中国人讲一句话叫合情合理，在广大人民群众来看，加多宝好像特别合情。加多宝赢得了广大人民群众的同情心，但是广药集团真的是合理，从法理的角度上来讲，它做的是合法的。

我相信稍微懂点法的，基本上是站在广药这边，因为我跟你签约就是17年，17年后你确实是跟我续签了，但你是用一个不正当的手段来续签的，那肯定是违法的，所以这个签约是无效的，最后法庭还是把王老吉这个品牌判给了广药集团。

但是，问题出现了，你想加多宝舍不得这个品牌，但法律必须要执行的，王老吉就归广药，加多宝不干了，它要复制一个王老吉出来，所以刚才我们讲到了，它慢慢开始在市场上进行营销，从零开始运作。据说是王老吉祖传的人把配方授权给加多宝，让加多宝和王老吉拥有了完全相同的配方。这个时候，两家的市场营销的斗争就开始了，所谓的竞争就真正开始了。

| 加多宝拿得起放得下，自立门户重新出发 |

俗话说“拿得起，放得下”，这句话放在加多宝身上非常合适，失去王老吉品牌使用权之后，加多宝一面默默开始了去王老吉化，在红罐上突出了“加多宝”三个字，一面开始悲情公关，极力展示自己的“弱者形象”，还斥资两亿元押宝浙江卫视的《中国好声音》绝地反击。广药方面也不甘示弱，在2013年以5亿元硬广告强势对抗加多宝，还对外宣称试水直销，在渠道阻击加多宝。针对“谁才是正宗凉茶”，广药和加多宝各执一词，均声称自己生产的凉茶才正宗，从“王老吉”商标战、口水战到广告战，再到后来的渠道战、秘方战，广药和加多宝似乎“斗无止境”。

失去王老吉品牌的加多宝乍一看似乎一切从零开始，可是其巧妙地运用各种营销策略，展现了精妙绝伦的商战案例。将原来红罐凉茶王老吉十余年宝贵的“怕上火”的资源，移植到更改的新品牌名称“加多宝”身上，从而抢占凉茶品牌的领导地位。当人们还在质疑“10罐凉茶7罐加多宝”太过夸张时，加多宝已经用数据还了自己一个清白：国家统计局发布的数据显示，加多宝去年从7月份到12月份的平均市场占有率超过八成，以无可争议的成绩连续六年蝉联中国饮料第一罐。

加多宝不是从零开始，无论是从营销的经验、合作伙伴还是团队的经验和业务能力上面来看，它都是比广药集团要成熟的，它经营了王老吉这么多年，是从最开始的价格引导的4P理论，到顾客引导的4C理论，到现在媒体大幅度的发展，然后有了整合营销传播，利用微博，利用电视广告，拥有非常庞大的营销网，而广药集团在这方面是非常落后的。广药集团说加多宝是一个善于表演的表演者，因为它会在网络、微博发表各种言论；但是广药连微博账号都没有。

我们不要忘记了还有一个绿罐王老吉，是一个软装饮料，绿罐王老吉一直是由广药集团经营的，但红罐和绿罐的销量简直就是天壤之别。

|团队、渠道、品牌，缺一不可|

我觉得团队非常重要，团队之外是渠道，你广药拿走的是什么，拿走的是王老吉这个牌子，品牌很重要，但是渠道是什么，渠道是在帮你卖商品的经销商；庞大的经销网络还是在加多宝手上。其实广药拿走的，只是一个壳，如何去经营这个品牌，真正需要踏踏实实进行产品的定位、渠道的铺设。另外我看到新数据说，加多宝要投20个亿到渠道的建设上，民营经济更多地会去遵循市场化的规律，比如说一个产品出来，它首先要做一个市场定位，渠道的选择，如何做市场，就包括当出现这个司法纠纷以后，加多宝是做了一个很成功的司法营销。很多人都说加多宝是输了官司，赢了人心，所以我们把它叫做司法营销。

王老吉品牌争夺案早已落下帷幕，然而，加多宝与王老吉的商战才刚刚开始。在这一场商战里，加多宝表现出了十足的韧性，以至于虽然法院做出了最终裁定，但鸿道集团还有几个官司要打，针对王老吉的红罐包装权以及广告语的侵权开始了新一轮诉讼。目前，广药与加多宝之间已经在走司法程序的案件就有9个，明眼人一下就可以看出，鸿道集团在通过诉讼为自己争取时间。在拥有王老吉品牌的最后时间，居然创造了一个精彩的司法营销案例，连篇的新闻头条不仅给自己争取了足够销售库存的时间，而且一遍又一遍地告诉消费者："我们改名了。"鸿道集团坚持打下去的官司，从根本上来说已经不是对王老吉商标归属的争夺，而是对王老吉商标价值的追逐。加多宝输了商标官司，却赢了商标价值，这是业界对鸿道集团营销案例的评价。

其实综观加多宝与广药的合作，国有企业掌握所有权，民营企业掌握经营权，这样的合作方式是非常健康的，而且取得了非常好的效果，它获得了一百多个亿的收入。但是这个时候打官司把民营企业打下去了，你让民营企业以后怎样有积极性去跟国有企业合作，这是一点。第二点，这个审判是在广州进行的，肯定是对广药有利的，那不是很合理，不是很公平的审判造成了民营企业积极性的挫败。不管是十八大的报告，还是总理新闻发布会，李总理一直在强调要给民企发展的空间，要反对不合理的行政堡垒和市场分割。有一句话是这么说的，喊破嗓子不如甩开膀子，现在对于给民企发展提供更多的空间，这个嗓子已经喊得够破了，但是膀子甩开了没有？如果这种审判再不公正的话，那对于整个民企来说是一个灾难，特别是经济领域的审判，我觉得更应该公正。

| 不做中国的可口可乐，要做中国自己的饮料 |

民营企业有很多地方应该提升，比如说它的法律意识是比较薄弱的。

这是很多民营企业的通病，在改革开放的时候相对比较混乱、无序，无序当中你再来讲这个游戏规则可能就很难做了。民企都是在无序当中找到了生存，然后借着一个机会就发展壮大了，中国的民营企业差不多都是这么过来的。现在改革开放三十多年了，民营企业也该规范了，有了加多宝这样的案例，会让更多的民营企业提升法律意识和产权意识，这民营企业发展也是很好的机会。

加多宝和王老吉之争是一种遗憾，在中国过去三十多年的改革开放当中，我们很少有一些特别好的民族品牌可以跟世界巨头去抗争，好不容易出来一个王老吉，可以说它的销量可以跟可口可乐相媲美，而且在老百姓心目中，凉茶在某种意义上就是比可口可乐来得好，但可惜的是，本来一个好好的品牌一分为二，变成了王老吉，变成了加多宝。

未来在两者之争中，我们确实看不到更多的方向，但是在中国企业史的发展过程当中，这个案例能告诉我们什么？第一，我们在做企业的时候一定要遵循国家的法律来做企业；第二，当企业出现这样或那样的问题的时候，其实我们真正意义上要关注的是什么，我们要关注未来。我们看到在加多宝和王老吉之争中，未来并不是特别明朗，因为我们不知道王老吉会以什么样的方式与加多宝进行抗争，或者加多宝能出什么样的招数，来继续引跑凉茶饮料。

我们很多的反思，民营企业和国企在合作的过程中，一定要注意法律上的合理和规范。同时，我们也希望国有企业与民营企业在今后的合作中，更多地尊重民营企业带来的价值。“国进民退”也好，“民进国退”也罢，这些都不重要，重要的是我们能否把这个企业做好。

20 日元贬值，馅饼还是陷阱？

在当今这个社会，已经不再局限于过去传统意义上的军事战争，出现了很多新的战争——货币战争，人们利用货币作为杠杆来发动所谓的经济战争，这种战争的威慑力绝对不亚于军事战争。所以我们也看到了日本安倍政府上台以后，为了刺激日本的经济，采取了一系列货币战争的最基本的手段，其中一个就是大量地发行日元，另外就是进行日元的贬值，在某种状态来看，这就是货币战争的一种形态。那么日元贬值背后有没有什么阴谋呢？

日本央行行长黑田东彦主持的日本央行货币政策会议上，推出了一揽子宽松货币计划，宣布将把所持日本国债余额和经济中流通的货币总量增加一倍，无论是规模还是战术，都让投资者大吃一惊。

截至2013年4月，在此之前的6个月里，日元兑美元汇率从最低77:1迅速贬值到现在的100:1，贬值幅度超过22%。按此计算，国人到日本旅游或者购物可以得到7.8折的优惠，在国内购买日本的商品也可以得到很大的优惠；国内企业，以南航为例，资产负债中20%为日元负债，日元贬值后，单此一项，南航的外汇收益已经超过了3.6亿。

丨货币战争，日本也是战败国丨

然而，日元贬值对我们究竟是馅饼还是陷阱？在全球主要经济体纷纷开动印钞机、大肆推动本国货币贬值的同时，人民币承受着空前的升值压力，专家表示，日元的大幅贬值引发的国际贸易摩擦加剧，不排除在东南亚地区率先引发货币竞相贬值的可能。如果人民币也加入竞相推动货币贬值的行列，那么一场惨烈的货币战争将难以避免。

日本在货币战争史上其实是个战败国。我有个亲身的体验，我在1985年去的日本，那个时候1美元兑240日元。1985年时美国对日本发动货币战争，20世纪80年代，日本取代美国成为全球最大的债权国，其制造的产品充斥全球，日本资本扩张的脚步让美国人惊呼“日本将和平占领美国”。为了解决美国因美元定值过高而导致的巨额贸易逆差问题，1985年9月，日本签订了《广场协议》，规定日元与马克应大幅升值，以挽回被过分高估的美元价格，在我1990年离开日本的时候，美元兑日元的汇率是1∶80。日元在短短的5年当中升值了将近2倍。

在此后不到3年时间里，美元兑日元贬值了50%，对日本以出口为主导的产业产生了巨大影响，使得国内剩余资金大量地投入到股市和房地产上，从而导致了1990年著名的日本经济泡沫。泡沫破灭后，日本进入了长达20年的经济低迷期。

我在日本的5年当中，真的感受到了日本的经济泡沫或者说是日本的鼎盛时期，但是1990年之后，日本的经济就真的是崩溃了。日本经济从1990年开始一蹶不振，到现在还没有恢复。

日本政府早就想日元贬值了

过去的20多年，日本经济就没有真正意义上地复苏过，一直是处在GDP负增长阶段，所以日本人真的是很着急，然后又想不出更好的办法。这次安倍来了，他可能想玩点真的东西，我很好奇他的阴谋。这20年当中自民党也好，民主党也好，难道前几任首相都没有想过利用这个最简单的方法，就是把日元贬值。只要日元一贬值，日本出口商品的竞争力就大大增加。日本的产品相对来说质量还是不错的，它的价格是没有太大竞争力，所以日元一贬值后，日本的商品在美国市场，或者说在全球市场都会有强大的竞争力，这是一个早就应该想到的事，为什么安培现在才来做？

之前的几任首相其实也从来没有放弃过这种尝试，可是因为央行的独立性比较强，政府要采取一些刺激货币贬值的政策时，必须要通过央行来制定并且发行货币，之前的几任首相进行过这样的尝试，可是都没有成功。

央行有自己决策的机制，因此这一次安倍就准备好上台以后肯定是要任命自己的人选来担任央行行长这样一个职位，配合他采取一系列措施，才能达到他想达到的效果。

据说之前的央行行长并没有听安倍的话，不想做这个量化宽松的政策，所以安倍就更换了行长，以前一个姓白，现在这个姓黑，很有意思。其实不论是在日本，还是在美国，央行行长有一个相对的独立性，因为他会从经济学的角度或者对经济整体平衡的角度来控制货币。货币这个东西其实就是一个国家最重要的一个所谓的平衡体，并不是说你想印多少日元就印多少日元，或者说你想把它贬值或者升值就可以来进行的。

所以,前几任政府试图通过日元贬值的方式来刺激经济,但是央行的这些行长不予理睬。大家都知道安倍是个鹰派,是个老牌政治家。你看他的家族,他的父亲曾经当过外相,他的祖父曾经当过首相,也就是说他的根基很深,他通过他的这种强势,把央行的行长都换了,马上实施了一整套所谓的量化宽松政策,就是大量印钞票。

日本现任首相安倍晋三上台后,原央行行长白川方明闪电卸任,转而由支持安倍新政的黑田东彦出任央行行长,后者积极配合安倍大胆的货币政策。自2013年清明节以后,日元上演疯狂贬值大戏,美元兑日元一度逼近100,创下近3年11个月的新高,消费指数一片飘红,金融和房地产类股引领东京股市上扬——这两大行业是日本宽松政策最直接的受益者。而得益于日元贬值,日本出口企业的利润也大幅上升。这一切似乎都预示着安倍政府的新政获得了空前成功。

日本前首相福田康夫说:“现在的日元贬值只是日本的第一阶段,第二阶段必须做的是革新,现在的日本就像车子上的两个轮子,一个是货币政策,一个是革新。只要货币这边的问题得以解决,日本的经济也会再次苏醒。”

| 日本先富了索罗斯! |

然而,相信很多日本人都没有想到,最先在首相安倍晋三身上捞到好处的并不是日本人民,而是索罗斯等海外金融巨头。从2012年年底开始,索罗斯与他的对冲基金同行顺势大举做空日元,在短短的三个月里,利用日元的疲弱狂赚10亿美元。

有人质疑了，日本的政策自己还没有获利，反而让像索罗斯他们这些金融专家获利了。那这个政策到底是好还是坏呢？

至少我们看到短期效应，自从安倍政府上台以后，短期效应明显上升，日经指数创造了过去 3 年当中的最高，达到了 12 000 点——过去在 9 000 点左右。就这么简简单单的一个指数，在安倍政府上台不到 3 个月的时间，股票上涨了将近 30%。最近我去了趟日本，日本的楼市也开始慢慢复苏了。股市和房市是国家经济的支柱，看一个国家的经济，要看这两个基础的支柱。当这两个基数上去了，股市开始赚钱，消费就上去了。所以日本消费的指数也开始飘红。这说明量化宽松政策确实是刺激了日本经济的发展。

中国是个制造大国，其实日本也是个制造大国，而且日本是中高端的制造业，是非常非常发达的。所以有人比喻说，日元只要贬值一日元，丰田汽车就可能挣两百亿。汇率对于出口，特别像丰田这样的大型加工制造公司来说，影响是非常非常大的。很多日本大型的制造公司对于日元贬值是举双手赞成的。

但是从长远角度看，日本的很多原材料都是依赖于进口，日元贬值，购买力就会明显降低，也会对国内产生一定的压力，但从整体来看，日本是一个贸易顺差的国家，货币的贬值一定会给它的经济发展带来良性的作用。

丨日元贬值的国际影响丨

日元贬值受影响最大的应该是韩国、中国台湾、新加坡等经济体，因为它们在经济结构上与日本有较多的重叠之处，属于日本的直接竞争对手。但是迄今为止，这些经济体的货币并没有出现竞争性贬值。其中一个主要原因是这些国家的出口商目前尚能承受日元贬值所带来的竞争性损失，这一切决定于日元贬值必须是有限度的。福田康夫说："日元的贬值确实对于日本的出口是有利的，这导致日本生产的东西卖得便宜了。但是日元贬值不可能长时间实行，通过和其他国家的经济合作可以进一步推动日本的经济。"

不仅是日本，中国、韩国也是如此。业界普遍担心日元贬值失控引发日本经济崩溃，对于亚太区乃至全球金融秩序造成冲击。以中国为例，日元贬值不仅会影响到中国对日本的出口，还会让日本陷入两难之地。如果人民币升值，热钱会从日本流向中国，导致中国外汇占有率继续增长。如果人民币贬值，那么竞争性贬值的货币战争便会打响，最终导致两败俱伤。而安倍政府推出的无上限量化宽松政策，其赤裸裸的蛮横态度给了市场巨大刺激，更触发了其他国家的担忧和谴责。2013 年 2 月，G20 成员国财长曾围绕压低日元汇率的经济扩张性政策展开唇枪舌剑，最后却无果而终。这重重阻力之后，幕后操盘手究竟是谁？他们在酝酿什么样的阴谋？

这个国家是美国。从美国的角度，它是不希望看到日元贬值的，但是奥巴马政府有自己的算盘，跟美国的霸权野心联系在一起。

美国借日本来打压一些亚洲的新兴市场国家。其中最大一个目标就是中国，因为中国到现在为止其实还是一个以加工出口为主导的国家。日元对人民币的贬值给中国的出口产业造成的创伤是巨大的。这样就可以间接地达到美国的目的。

近年来，美国对于人民币的升值不断施压，与此同时，美国和日本却同时实行了量化宽松政策，对中国以出口为主导的企业造成了巨大伤害。日本采取以邻为壑的货币政策，必将引发贸易战、货币战，首当其冲的就是中国。2013 年 4 月 12 日，日美两国政府就日本加入跨太平洋战略经济伙伴关系协定TPP谈判达成协议，这一协议的达成，在给日美两国带来巨大经济效益的同时，还将加强美国在亚太地区的影响。世界第三大经济体日本和世界第一大经济体美国以及其他TPP协议国的GDP加起来，将占据全球GDP总额的40%，贸易额将占全球的1/3，由此不难看出，在美国双重标准纵容下的安倍政府，已然与美国结成货币外交同盟，促使日元贬值显然是蓄谋已久的事情。

我也可以做一个大胆的猜想，就是在安倍经济政策出台之前，他一定会去征求美国人的意见。日本想联合美国来制约中国，这是它最大的阴谋。它的第二大阴谋是什么？日本已经沉默20年了，不想再沉默下去，自从安倍上台以后，要给日本经济带来一个刺激的政策，一定要给日本带来一个质的变化。过去20年，日本已经弱势了，不用说对全球的影响，就是对周边国家、对东南亚国家的影响力也大大减弱；与此同时，中国的影响力在大大地提升。日本的第二个阴谋就是希望通过货币宽松政策、日元贬值的方式，将日本的经济提升起来，提升日本在国际上的影响力。

日本的这个政策，可能是短视、损人也不一定利己的，但至少在短期内达到了它所期望的目标。我们一定不能低估日本所谓的量化宽松政策或者是安倍经济学，应该从长远的角度来看待它对于全球或者说对于中国所产生的影响。

21 掏空上市公司的N种手段

在过去的某个阶段，很多媒体都在关注着一家企业，这家企业曾经是全球光伏企业的老大之一，也是全球四大太阳能制造商之一，但是由于资不抵债，最终这家企业走进了破产的程序，现在正在进行破产重组。后来有一天，突然间一个投资大鳄巴菲特关注了这家企业。有传言说巴菲特有可能要对这家企业进行投资，这家企业的股价就在几天内上升了将近70%。这家连巴菲特都在关注，曾经是世界领先、又是市场占有率很大的企业，就是无锡尚德。为什么偏偏它会走到破产重组这么一个结局？

|第1种　信誉担保|

公司创始人过去自己说了算，愿意拿多少钱来做什么，愿意把这个钱给谁做什么，都是自己的事情。而一旦成为上市公司，即使你就是一个实际控制人，你是一个大股东，这些事也不再是你一个人说了算，因为这不再是你一个人的钱,是大家的钱,这就是对股民负责,可是很多人并不理解。

比如一家上市公司,给自己相关联的公司或者是给别人来进行担保,这是一种常用的手段。通俗地说,就是股东自己去贷款,但是却用上市公司来做担保和抵押。一旦被担保的企业由于种种原因还不出债来了,作为担保方,你的上市公司需要来承担这个债务,于是就用这种方式把风险转嫁,上市公司就被套走了。

|第2种　挪用资金|

直接挪用上市公司资金,其实是一种最低级、也是最简单的方式。因为我控制着这家上市公司,你是我的子公司。就像我是老子,你是儿子,儿子的钱归老子用。但这是错误的。错在哪里?这个儿子在没有上市的时候是你的儿子,一旦上市了,所拥有的资金再也不是你一个人的。其实这也是中国民间文化被企业家无形中移植到了企业文化当中的结果。

其实相关的案例也非常多,比如莲花味精的掏空案。莲花味精自上市以来,其资金就长期被大股东河南省莲花味精集团无偿占用,而且占用金额从上市之初的两亿元一路狂飙,直至近十亿元,最终导致莲花味精在经营上危机重重。不仅主营业务利润大幅下降,银行借款利息不堪重负,而且现金流量由于应收款项剧增而入不敷出。事实上,除了莲花味精案,资本市场曾陆续爆发了华北制药、星ST江纸、星ST珠峰等诸多欠款大案。大股东侵占上市公司资金也是屡禁不止。

第3种　给自己发工资

还有一种更恶劣的手段——给自己发工资，且数目高得吓人！作为公司的实际控制人，薪酬都是由自己拍板决定，于是有些人就觉得，公司挣不挣钱跟我无关，但是要给我自己发工资。

其中非常有名的案例就是黑石集团。2007 年 6 月，黑石集团在美国纽交所上市，2011 年 SEC（美国证券交易委员会）要求黑石公布更多高管薪酬。据调查，黑石上市之初，管理层薪酬和福利以及一般管理费用的增长率分别达到 802% 和 165%，即使在出现金融风暴的 2008 年，该公司管理层薪酬和福利以及一般管理费用增长率也分别高达 71% 和 36%。

这就是在没有监管的体制下，企业自己说了算。股民的钱拿来以后没做什么投资，结果用来给自己发工资。黑石集团的这个案例我想很多人都知道，这种就是用最直接的方式把公家的钱放在了自己的口袋里，还说得挺好听，是作为薪酬方式放在口袋里。

第4种　采购合同

有些资金并不充裕的公司采购原材料，偏偏选中一家价格高得离谱的原材料销售公司。这家公司肯定是跟这个实际控制人有直接关系，他通过这样的方式把公司的资金掏空了。

这是一种产业链的规则，有的采购，有的回收……通过这样一种方式，很容易就可以避免有关监督。而且它可以制定一系列的门槛，比如一家公司原材料需求是钢铁，它会对钢的精度、含杂量等设置条件，最终只能购买标的公司的原材料。这其中的玄机，很多股民是不知道的。但是对于行业的专家来说，一看就知道其中的问题。只是当发现的时候，往往这个采购行为已经产生了。

国内不少上市公司，其实都或多或少有这样的情况，但是为什么没有被发现？只有当公司发生了问题，或者进入到破产程序里，外面的团队进入公司，对过去的每一个合同审查时，才会发现类似高价采购的合同。在目前的环境下此类情况很难规避，因为采购的决策人是公司的老板，他有自己的理由，他可以定很多很多的条条框框把所有来参加招标的企业都排除在外。相对来说，这个方法是比较隐蔽的，操作时往往“神不知鬼不觉”。

|第5种　高价收购|

高价采购已经是一种相对比较“高明”的手段了，还有一种类似的“高明”方式——高价收购关联企业。企业上市后拥有大量资金，于是就可以通过资本运作收购其他企业。这个时候，如果企业的高层在外面有家自己的企业，就可以用上市公司来收购它。比如上市公司有10个亿的资产，想去收购自己的公司，这家公司可能只值1个亿，但是我给出的估值可以是5个亿。于是就通过这种高价收购的方式掏空了上市公司。

这种情况也有很多实例。经典的是广州银河，它以非常高的价钱收购了熊猫烟花,但是熊猫烟花在被收购后,实际上业绩和营收各方面都开始慢慢走下坡路。很明显,因为在评估熊猫烟花的时候,它用一种特定的方式给出了一个比较高的估值,促成了熊猫烟花的收购,于是才会造成收购以后的业绩变脸。

22 财经大佬　退而不休

开创民营经济的所谓“创一代”已经到了一定的年纪，最近陆陆续续听到很多人说要退休了。新希望董事长刘永好也宣布退休，由他的女儿刘畅来做董事长。而差不多两个月前，史玉柱也发微博宣布不再兼任巨人网络CEO，只保留董事长的职务……我们最近真是听到太多人说退休了。到底是因为年龄的问题，还是觉得做得没有意义了，还是说有更好玩的事值得他们去做？到底中国的所谓退休跟西方的退休有没有差别呢？

| 把舞台让给年轻人？或许只是笑谈 |

马云宣布5月10日把阿里巴巴CEO的这个职位让出时，连美国的CNN都作了报道。对美国人来说，这是个很大的事儿。但在我看来，马云根本就不叫退休，为什么？他还是保留了董事长这个职位，在中国董事长就是CEO。

而史玉柱强调他退休和其他人不一样，他说自己说不做就真的不做了，他要划清界限。我觉得这很困难，就像要划清“史玉柱”和“脑白金”的界限。中国最可爱的广告是什么？脑白金！最没品位的广告是什么？很多人说还是脑白金。他用了一个中国特色的方式，老百姓能接受的方式，一下子就打开了他的商业王国。他投入了很多，人都是有感情的，所以他肯定还舍不得放手。像史玉柱一样，“创一代”里很多人说退休要去做慈善，要去做一些自己想做的事情。但我唐骏敢说，这些人是熬不住的！

我和陈天桥接触的时间很长，最起码八九年了。他也经常跟我说：“唐骏我不想做了，我想休息了。”“唐骏啊，很多事情你做做就行了，我就不要做了，我想退休了，工作累了，读读书也好，还是做做什么事，反正我是不想做了。”……他每年都跟我讲两次，但是我从来没看到他放松过，他恨不得面面俱到。

中国式的退休都很有特点，说退不退。联想的柳传志是我非常尊重的一位企业家，有关他的退休，我已经听了好几个版本了。第一步，他宣布不做联想集团的CEO，把CEO让给了杨元庆。第二步，他说我不做联想集团的董事长了。不过我们会发现联想集团还有一个叫联想控股的公司，这个公司就相当于联想集团的爸爸。所以把CEO也好，董事长也好，都让给杨元庆，让与不让其实没有关系，因为他还是控制人，在联想，很多事还是柳传志说了算。我们可以看到的是，即便宣称退休，马云、王石、柳传志等有着精彩创业经历和个人魅力的“创一代”，依然从未淡出公众视野，把舞台让给年轻人，或许只是一句笑谈。

|我唐骏到60岁也不想退休|

说是把舞台给年轻人，其实他们都不老！细究这些大佬辞去管理人职位的年纪，大都正当年，如马云48岁、史玉柱51岁、王石48岁、柳传志69岁。这和迟迟不退休的85岁高龄的香港首富李嘉诚相比，都甚为年轻。

社保基金会理事长戴相龙也曾在网上说了这么一件事，说中国人的退休年纪应该从60岁往后递延，也就是说未来的5年退休年纪增加1岁，再5年再增加1岁。现在一般说男的60岁退休，但是我觉得我到了60岁的时候肯定人还很精神，我肯定是不想退休的。

而很多的企业家其实还没到这个年纪，像马云也好，史玉柱也好，其实他们的年纪跟我也就差不多，50岁左右的年纪，但是他们为什么提出来说不想做了，想退休。这里边我觉得他们的退休跟传统意义上国家所规定的退休是有很大差异的。

有人说是因为他们事业达成了，我觉得这不可能。陈天桥、史玉柱、马云这些人，当他们创业的时候，他们一定会有自己的梦想。陈天桥跟我说过，只要能赚个一千万他就不做了，没想到赚了一百个亿，远远超越了梦想，这是非常大的诱惑。

我们也看到那些尚未退休的"创一代"，像网易丁磊42岁、腾讯马化腾42岁、百度李彦宏45岁、搜狐张朝阳49岁、奇虎360周鸿祎43岁、金山小米雷军44岁。照此推算，5至8年后又会有一个"退休"高峰。

| 为何“退而不休”？因为“人”大于体系 |

“退休”是每一个企业家都会面临的现实问题。最近，大家陆陆续续听到很多“创一代”说退休。但他们真的退了吗？实在让人怀疑。您觉得他们“退而不休”的原因是什么？在国外，企业家说退休了是不是就真的退了呢？

中国“创一代”嘴上都在说我要退休，但实际上他们都不退，为什么？几个方面，第一他们舍不得，这个舍不得是多个方面的，舍不得这种权力。正面一点就是说他觉得这个企业是我做出来的，所以我一定要把控方向。具体操作可以你们来做，但方向是我把控，没有人比我更了解这个公司，而如果我没有权，我就很难把握方向。

第二个我认为，中国人缺少享受 life 的习惯，这个 life 跟“生活”有那么一点差别，life 比生活的品位稍微要高那么一点点。一讲到说中国企业家没有生活，他不会服气，“吃喝玩乐我都有生活”，但讲到英语 life 是什么，有一点品位的生活。我身边有很多企业家，他们还是对 life 的理解不那么透彻。

在国外，说退休就真退了。为什么他们能做到？我认为，最大的问题就是在经营企业的过程当中，国外是通过体系来经营的，它有一整套的规范的体系。而在中国的经营过程当中，更多的是人在经营，人的力量要远远大于体系的力量，而在国外是体系的力量要大于个人的力量。所以国外是通过建立体系的方式来让自己的企业保证基业常青，在微软随便换一个总裁没问题，微软的运作模式不会改变，但中国公司如果换一个总裁，所有的东西都会改变。

退休？盖茨是玩真的！

国外就完全不一样，就拿我的前任老板比尔·盖茨来说，2008年他突然宣布："我退休了，我不做CEO了。"其实我觉得他还蛮年轻的，才50来岁，而且以他对技术的前瞻性和对市场的敏感度，他再做个10年、20年其实一点儿没有问题。但是他真的退休了。

2008年6月27日，超过800人送别比尔·盖茨正式退出微软日常管理工作。此前盖茨就曾表示："我其实是微软的二号人物，在公司所有市场战略制定上，我已经不再是决策者。"比尔·盖茨的妻子说，盖茨每次谈到微软高管交接事宜时，都信心十足地表示，如果不是对鲍尔默感到十分放心，肯定不会轻易退出微软日常管理工作的。

这位万众瞩目的财富人物卸任后，从此全身心投入到慈善事业，不再干涉公司事务，彻彻底底地贯彻了美国式的退休作风。他说："我不能再挡道了，我离开后，会有人填补我留下的空白。"

盖茨不做CEO意味着什么？他连公司也不去了，公司日常管理不用说，就是重大事宜，他也不参与。盖茨是真正叫急流勇退，他已经在巅峰了，他就在这个时候、这个点子上退休了，他是玩真的！

对美国式的退休我是了解的，美国的CEO是什么？CEO是手握大权的，而董事长是虚的。大家知道惠普的董事长、苹果的董事长是谁吗？恐怕很多人都不知道。董事长当然有权力，是在董事会上行使的权力，但是公司大权不在他手上，而是在整个董事会手里。所以国外的董事长更像一个荣誉职位，就像盖茨一样，现在盖茨还是保留着微软公司的董事长职位，但是大权已经不在盖茨手中了，或者至少说他不去用这个权力了。

丨意义？守到100岁也没用！丨

像比尔·盖茨这样急流勇退，恐怕咱们国内的企业家还做不到。所以我觉得“创一代”的中国式退休很暧昧。像史玉柱也好，或者是马云也好，很多的“创一代”通过自己的努力做成了一个商业王国，这给所有的年轻人带来了一种榜样的力量。那么在这个现在退休与不退，或者退了以后是真退还是实质意义上的退休的过程当中，我相信也是个摸索的过程。你创建了这个公司，你不可能把它守到80岁，守到100岁，这个意义也没有那么大。

中国改革开放只有30多年的时间，可以说让这些所谓的“创一代”现在突然间离开自己所创建的企业确实是不太现实，也不太可能，但是我相信未来的10年、20年必然会经历这么一个过程。在经历这么个过程当中，我们需要思考，思考什么事情？思考怎么去建立一套体系，让你在离开以后，这个企业还可以稳定有序地发展，就像国外的企业，包括微软这样的公司，即使盖茨不再担任CEO，微软公司还是按照过去的理念、思路规范地运作。

更重要的一点，我觉得当我们中国的这些企业家真正意义上退休以后，其实还需要去思考，我相信他们还有很多的正能量，可以给社会作出更大贡献。

23 股市、楼市，说爱你不容易

在过去的20多年，我一直在做投资，投资有亏有赚，但是在赚的过程当中，我也不知道是怎么赚的，但亏我是知道的，为什么会亏？因为有很多盲目投资等等这些方面，所以今天我们就来分享一下，在过去的投资过程中，我所看到的投资的一些技巧。

丨谈投资，姚明财富大缩水丨

近日，关于姚明财富缩水的消息成了热点。入主上海东方男篮的姚明面对每年在俱乐部亏损近1 000多万元的局面，不得不连同几位CBA投资人提出，CBA联赛应该实体化，俱乐部应该有更多话语权。CBA联赛目前的非市场化运作或许会让姚明继续每年亏损下去，但好歹这也是为他所热爱的一项运动而付出。而另一笔让姚明心寒的投资就是：他手握的105.3万股A股市场上的合众思壮首发限售股解禁，股价从曾经的113.98元跌至

16.26 元。姚明的持股市值较最高峰时跌去近 6 000 万元。据有关专家推测，按照今年的经济形势，加上别的，如“姚餐厅”的经营亏损等，姚明的损失也许已经过亿元。看来在篮球上有着超级天赋的姚明，在投资方面还得好好向老前辈学习。另一方面，姚明投资如此巨亏也折射出中国百姓财产增值保值的艰难。在中国要如何投资才能增值，或者最低限度保值呢？

投资时你需要看到什么？一定要做一个深度分析，比如像 CBA。因为他们都知道我是喜欢篮球的，打了十多年篮球，所以曾经有球队来跟我说，唐骏你要不要来投资我们 CBA，可以拥有一支篮球队。我的一个朋友，朱骏拥有了申花。有人说人家朱骏可以拥有申花，你唐骏拥有一支某某球队，不是蛮好的嘛。其实我有没有动摇过？我动摇过，为什么动摇？我觉得这个多好啊，又是投资又跟爱好混在一起，而且这个投资最幸福的事是什么？既可以赚钱又能满足爱好。

关于回报，我算了一下，这两项我觉得都很符合：跟自己的工作相关，又是我的爱好。但后面我想一想，既然要作为投资的话，在目前环境中，CBA 确实很难经营下去，考虑到它的门票收入、广告收入等等，电视台的转播收入也很少，都很难来支撑一个中国的职业球队。现在的 CBA 肯定不能和 NBA 去比较，毕竟那是一个明星品牌，是有明星效应的，所以那是很能赚钱的，但现在的 CBA 还是在亏损的状态之下，很难去经营。

所以我有点不理解姚明，如果单纯就姚明的这个举动来讲，我相信很多人都是持赞同意见的，因为姚明本身是中国篮球的代言人；但是从纯投资的角度来说，这是一个失败的投资。当然，从影响力或者推动中国篮球事业发展的角度我觉得是一个正面的投资。

|中国炒股，和美国投资不是一个概念|

“在现在的股市里，如果还是想凭着谁说的什么消息去买股，你赔的概率是99%。”5月13日，中央电视台财经频道主持人李雨霏在回答记者提问时道出了心声，她还说自己炒股赔掉了嫁妆钱，这段言论在网上一石激起千层浪。在外人看来，作为央视财经频道两档专业财经类节目的主持人，李雨菲或许能够很方便地获得一些股市专家的炒股技巧和诸如内幕消息的股市信息，炒股时肯定稳赚不赔。但事实却证明，李雨霏也有这般炒股严重被套的遭遇。

曾创作《王贵与安娜》、《双面胶》、《蜗居》、《心术》等作品的知名女编剧六六在微博上也会不时调侃一下中国股票，“股票涨得我心慌！再涨两倍我就保本了！届时我就金盆洗手退出股坛，再也不用写戏抄底补仓成为一线编剧！没有中国股市和我的前夫就没有我的今天啊！”她也曾在微博上宣布，现在换股票为了明年这时候换阿斯顿马丁。随后又称，若不买股票，其实阿斯顿马丁早就能开着了。2013年4月15日13时，六六在微博上宣布将清空所有股票，“做那些与自己匹配的事”。“如果不炒股，现在已经可以退休了。”这也正是A股让百姓依旧可以看见她对社会残酷的写实和对未来憧憬的向往。

中国A股10年成为一个循环，从终点回到原点，不但成为全球资本市场的异数，也让“股市是经济晴雨表”成为笑谈。近年来，股市的低迷仍不能抑制投资人入市的步伐，然而，由于现在监管机制不完善，内幕交易等情况时有发生，散户只能通过信息披露了解公司业绩等情况，很难实现获益。

上市公司也很少分红,投资者的收益更难实现。散户入市很可能“进一个套一个”,为企业提供套现离场的机会。《华尔街日报》也撰文发问:中国股市还有救吗?

我相信,你们周围一定有很多人在炒股,炒股现在是我们最常见的投资手段之一。我在美国的时候就开始炒股了,后来回到中国仍继续炒过一段时间,但现在我不炒股了。为什么呢?因为我发现中国炒股存在很多怪现象。

中国人的投资跟外国人的投资有一个很大的差别,中国人有个特点就是永远只相信自己,不相信别人,所以必须自己亲自来投资炒股。当我回到国内后很纳闷:在美国时,我周围的同事没有关注股票的,他们也做投资,只是他们不炒股,而是通过购买基金的方式,所以,在美国很少看到有人会一直盯着几只股票天天在看;而在中国,我经常在午休时可以看到有员工在看有关股票的信息,电脑屏幕上红红绿绿的,绿色还偏多。

在中国是全民炒股,而在美国是全民投资。这种概念就很不一样。

中国人炒股还有一个特色,就是喜欢搞内幕。但是又有多少内幕是真的呢?一个普通老百姓知道的内幕,或者大家都知道的内幕,那还会是内幕吗?

中国人在炒股上表现得很不理性,时常抱有一种投机心理。人人都知道巴菲特炒股很厉害。2008 年 9 月,“股神”巴菲特旗下的中美能源控股公司以每股 8 港元的价格购买了 2.25 亿股的比亚迪股份,约占比亚迪总股份的 10%。然后就有一大群股民跟风似地大量买入比亚迪的股票,这就是所谓的“巴菲特效应”。但两者的心态是完全不一样的。巴菲特讲究的是价值投资,他的投资是看好这家公司未来的行业发展,因为新能源汽车已经是一种趋势。中国市场很大,如果政府采取一些保护和支持的政策,比亚迪的确很有可能会爆发。我相信巴菲特也是通过很详细的分析和思考才决定购买比亚迪股票的。

但国内股民,很多都是投机主义。大家一看股神巴菲特投资了比亚迪,不管那么多先买进再说。2009 年 10 月,巴菲特掌握的比亚迪股份市值一度达到 25 亿美元。短短 1 年时间,比亚迪使巴菲特收益暴增了约 10 倍,这简直是不合理的。

当周围很多人赚钱时,你就会着急。如果是做长线投资,等上个三五年,谁会坐得住?谁都不知道中国的股市在三五年间会怎么样,大家都是炒概念,而概念来得快去得也快。

2008 年 4 月 15 日,我加盟新华都。很快紫金矿业就上市了,当时新华都是紫金矿业的第二大股东。紫金矿业当时的发行价是 7.13 元,市盈率 40 倍左右,但那时整个 A 股市场的市盈率才 20 倍左右。

当时坊间和媒体都在说,唐骏未来会操盘紫金矿业,所以股价的想象空间很大。大家为什么会这样认为?因为我在盛大的时候确实通过各种方式让盛大的股价有了一个比较稳定的增长,所以很多人都说我是资本高手。

2008 年 4 月 25 日,紫金矿业以 9.98 元的价格高开,下午一路冲到了 22 元,当时散户们疯狂地涌入,市盈率也达到了 100 倍左右,直接导致紫金矿业在盘中被临时停牌。最后收盘 13.92 元,涨幅为 95.23%,A 股对港股溢价达到 104.7%。而在我任职新华都期间,紫金矿业长期在热门股排行榜上高居前三。居然还有人把这称作是“唐骏效应”。但我想说的是,虽然大家当时很大意义上是冲着我唐骏来的,但我真的是无能为力。

中国炒房，未来就是可怕的泡沫

很多人在对中国股市失望后，开始将目光转向近几年火热的房地产市场，可能大家会觉得如果投资楼市会更踏实一点，会觉得它有保值的功能，至少无论价格怎么涨跌，房子还是我的，房产证上写的还是自己的名字。但如果是股市的话，极可能是宝马车进去自行车出来。

长期以来，房地产穿着两件“衣服”示人，一件叫民生，针脚是安居乐业；一件是投资，缝合的都是资本逐利。近年来“房地产绑架中国经济”的论调颇为流行，其中重要论据是实业资金进入楼市获利，以致荒废了本业。然而换个角度思考，上自各路资本下至平民存款，能比肩楼市稳定回报、快速兑现的投资渠道几乎是零。股市太“凶险”，玩艺术品水太深，而红木、玉石、白酒等新兴投资品，目前盘子太小，尚未攀升至大众投资榜，民间资本的去向实在有限。更关键的是，楼市黄金十年，斩获巨利者玩的不是技术含量，而是胆量，相比其他投资品种，过去楼市的投资技术含量最低，尤其在住宅市场，赔钱难度远高于赚钱，长此以往就有了“买房必赚”的畸形心理。

现在上海外环以外的房子价格足可以买我在美国西雅图的房子，还是一幢独栋别墅，前后带有一百平方米的花园。西雅图的房子在美国相对来说还是比较贵的，因为在西雅图这座城市有波音、亚马逊、微软等大牌公司总部，所以整体房价就是被推高的。

对于房地产泡沫，我也有亲身经历。那是在1980年代后期的日本泡沫时代，当时日本楼市和股市屡创新高，在1987年至1989年之间日本房价股价飙升，引发巨大资产泡沫。当时曾有房地产业的专家推算，日本整体房产的价值竟然相当于4个半美国整体的房地产价值。1990年,日本的房地产达到了最高点,房价再也上不去了,但是很多企业和个人却已经向银行贷款了大量金钱。同年,由于美元资本大量抽逃,日本资产泡沫开始破裂。没想到不景气来得那么快,还不起贷款,买的房被银行收了。没买的买不起,房价下降,工资更低,房地产商都想捞本。没人买房就没人贷款,没人贷款,银行知道来贷款的房地产商有可能还不起,不贷款给房地产商,没办法,房地产商就不得不降价卖出手中的现房来周转。于是当时日本房价暴跌,整体经济更是下滑得厉害,这种不良结果使日本经济到现在还没有恢复过来。

这就是可怕的泡沫。所以,未来存在很多的不可预见性。

为什么大家都愿意投资楼市?因为现在还没有看到有人买房亏过。所以很多人觉得,投资楼市要比其他任何一种投资都来得保险,因为不赔是投资的第一理念,赚多少是额外的事情,所以纵观中国过去20多年的楼市,还真是没有听到有人说:“我投了楼市是亏的。”但我觉得投资楼市也是有风险的,过去20年不赔,不代表未来20年不赔。如果房价现在还是这样每年涨20%,我觉得很不现实。目前,中国还属于发展中国家,我们的房价如果比日本、美国、英国这些发达国家都要贵的话,是不现实的。这说明中国楼市的泡沫是很大的。很多朋友也都知道,我在中国不买房,一直住酒店。

所以,楼市过去的成功并不代表未来的成功,这个成功是不能复制的,投资楼市风险很大。

不要把鸡蛋放在一个篮子里

房产和股票,被称为过去10年中国最好的两种投资工具和私人财富载体。在富裕了一代人的同时,也让更多人投身其中。然而,股市有风险,入市需谨慎。“国五条”等房产调控条例的进一步出台,也为已经处在高位的楼市投资前景增加了更多的不确定性。如何在当今中国获得更稳定的投资收益呢?

我是做过投资的,我在美国的时候就开始炒股,然后炒到中国,现在我不炒股了。中国人有个特点就是永远相信自己,就算股票节目说得头头是道,观众听了就是“嗯,我觉得这个有道理”,然后他做自我判断,这是中国人投资的一个最基本的原则。

后来我才发现,中国的这些老百姓,哪怕是刚刚大学毕业的大学生,我不觉得他有很多钱,因为我知道他工资有多少,但是他会把这个钱用来做什么?去炒股。

但有很多人会听信外面的这种谣言说:“啊,这个我有一个内幕。”其实如果只是听消息的话是特别影响个人投资的。很多股民亏就是因为听了消息。

除了股市、楼市,我们还有很多投资方式。我把投资分成几类,有风险相对比较高的一类投资,比如信托。信托是现在中国理财产品当中回报比较高的一类,但是风险也相对比较高。在你选择信托的时候,需要去选择一家靠谱的信托机构,同样的,信托机构的信托投资又可能有几十种、几十家企业,所以还要对标的公司进行一些比较深入的了解。目前,我是把信托作为我投资的主体。因为这是我觉得相对来说回报比较高的投资,基本上年化收益率在12% ~15%之间,这个回报就很高了!

我也会去买债券。债券的收益率可能在5% ~7%,但是千万不要低估5% ~7%的收益率,因为债券本身是个风险低的投资品种,几乎没有风险,特别是在中国这样的大环境中。你买国债怎么可能有风险呢?如果你买企业债，中国的企业基本都是国有企业，企业不行了国家还在。所以我觉得对一般的投资者来说，这是追求保险的一种投资方式。

我也会去买基金，虽然基金也会有跌宕起伏的。股市有风险，基金也有。但我的投资是配比式的投资，分散了风险，也就是鸡蛋不放在一个篮子里。

此外，我也会做 PE 去投资一些公司。总之我的投资方式非常多，有五六种之多，总会有一些比较好的回报，而且十分稳定。

对于很多老百姓来说，确实大家都希望通过理财和投资获取更多的回报，我们也讲到在中国的股市也好，海外的股市也好，投资确实有很大的风险，但是有风险并不等于不去做。怎么做？毕竟我们还是一个业余运动员，业余运动员和专业运动员相比还是有很多的短板，所以我还是更多地建议什么呢？去找一位现在在证券公司也好，在银行也好，在基金也好，他们有一个职位叫理财顾问，让这些人通过一系列的所谓鸡蛋不放在同一个篮子里的原则来帮助你做一些理财产品，包括我们讲到的基金也好，债券也好，股票也好，还是说信托也好等等，这一系列的东西让你所持有的财产可以不断增值，既保值还能增值。当然我们还有很多其他的投资渠道，比如说投资教育、投资健康等等。这些都是我们的投资渠道，我相信我们每个人都有自己的这种投资观、投资理念。

24 移民，人生惊险一跳

加拿大移民局宣布，联邦技术移民于 2013 年 5 月 4 日开始实施新标准，24 类新的职业清单同时公布。至此，自 2012 年 7 月 1 日起，冻结长达 10 个月的加拿大技术移民宣告重新开启。据统计，2012 年中国移民美国人数达到 78 184 人，移民加拿大 28 696 人，移民澳大利亚 17 580 人，移民新西兰 38 781 人。作为中国人最爱移民的四个国家之一，被誉为“最适合人类居住”的加拿大以免费医疗、免费教育和完善的社会福利保障受到中国移民的欢迎。

这对国内很多高端技术人员来说，好像找到了一个突破口。其实移民已经成为当代中国人，尤其是年轻高级白领之间热衷讨论的话题。几乎人人都想移民，这是为什么？国外真的是天堂吗？我想和读者分享一下我所知道的关于海外移民的那些事儿。

中国不是篮子，你更不是鸡蛋

很多人都希望移民，但凡有点儿条件的可能都这样想。有的是希望自己的小孩能够受到更好的教育，有的可能是为了有更好的环境和空气……以前还有这么一个广告：与其在国内买房，还不如去国外移民。

我反对这种富豪移民，我是绝对要说反对反对再反对的，因为我觉得不公平。凭什么在中国赚的钱，而且还是通过改革开放这个机遇赚取的钱，拿到国外去，在国外消费？简单一点儿说就是不公平。有人说投资移民是为了不把鸡蛋放在同一个篮子里，我觉得这里没有什么鸡蛋放在同一个篮子里，首先中国不是篮子，而你更不是鸡蛋！

当然每个人都有移民的权利，这是公民的权利。我想告诉大家的是，国外跟中国人的想象中是有差距的，而且这个差距在很大程度上，特别是在自然环境当中非常明显，我们要面对这个现实。

无论是技术移民，还是投资移民，其实并不是我们所想象得那么好。国外看上去像个天堂，但当你走进这个天堂的时候，你会发现你不是天堂中的一员，你只是所谓的天堂的编外人员。对这些中国精英和富豪来说，完全是走到另外一个边缘化。所以在考虑移民的时候，我觉得应该谨慎加谨慎，不要盲从。

|那些移民的事儿，你还真别不信|

加拿大政府最近开放了政策，只要达到它规定的分数，就可以实现加拿大技术移民。加拿大算是人口相对稀疏的国家了，半个中国那么大的国土面积只有两千多万人口，你在加拿大，什么都能看到，就是看不到很多人。加拿大政府希望提升自己的国家竞争力，就只能去引进所谓高科技人才了。

我大学的同班同学，前年通过技术移民拿到了移民签证，全家去了加拿大。然后他发现在温哥华有成千上万和他一样的技术移民，他们在那里竟然都找不到工作。那怎么办呢？总得找点儿事情做，移民了至少要让自己稍微找到一点儿生活乐趣。不知道谁的指点，他们纷纷开始去打猎，开车出去三天，打回来的东西要么吃、要么卖掉。

你觉得如果叫你天天打猎、抓螃蟹，那是种享受吗？这样一次两次还蛮刺激的，试想一下，如果让你天天如此……

找不到工作怎么办？有的人想，那就领失业救济金吧，这在国外很常见。可是你想简单了。在加拿大领取失业保险是需要必备条件的。领取者必须在最近的52周内完成了政府规定的最低工作小时数，从420个小时到700个小时不等。

我身边有一个技术移民的真实案例，在日本留学的时候，他跟我住一个房间。1990年，他拿到了博士学位。如果他那个时候回国，清华、北大一定会请他去做副教授，做个三五年后一定就是清华、北大的教授了。结果他在日本读完博士，就选择到美国攻读博士后。当时美国，博士后的签证是不能作为居住证留下来的。他没办法，就选择去加拿大做技术移民。于是问题来了。

他到加拿大居然3年都没有找到一份工作。后来他告诉我,他这3年做了“移民监”。移民监是什么呢?就是如果要申请移民入籍,从申请那天起必须住满3年,这期间不能长期离开这个国家。

找不到工作,把积蓄也用完了,他说自己实在没有办法,就只能厚着脸皮去领社会救济金,跟那些老人、黑人,还有其他一些移民,每个星期排队领生活救济金。

3年过后,他终于开始真正意义上的移民人生。他在加拿大找不到工作,但去美国还是方便的。他去美国以后又发现,自己没有工作经验,根本不被企业认可。最终他选择回到国内谋求生计,现在在国内的一个三流学校当副教授。

| 卖了上海四套房,换回3%年回报率 |

当年我在微软做中国区总裁的时候,我手下有位副总裁,年收入百万以上。你想在10年、15年前年收入已经百万以上,那是相当金领了。当时他在上海拥有4套房子。

2004年,他做了个决定。他看到新西兰的草原、羊群、牛群,就像画一般。他对我说,他希望能在这样的环境当中生活,让他的子女成长。于是他辞去了微软中国副总裁的职位,全家移民新西兰。

因为要做投资移民,就要拿钱去买新西兰的国债,哪儿来的那么多钱呢?他立刻把4套房子卖了变现。他觉得这钱放在新西兰,第一钱安全,第二全家就移民了。结果是什么,卖掉的这4套房子价格在中国涨了几倍。

光从投资的角度来说，把 4 套房子留着，到现在，我相信涨了 3 倍到 5 倍肯定是有的。而他的钱拿到了新西兰，买了新西兰的国债，这个国债可能有 5% 的回报率，但汇率方面，新西兰的纽币贬了 10%。所以说他的钱拿到了新西兰什么都没得到，而白白损失了在中国的这 4 套房子，还没有算上他在中国工作 8 年或者更长时间所得到的收益。

| 超过 10% 的中国人，技术移民后回流 |

到国外以后，你可能会发现你很难融入当地的生活，不要说价值观和文化了，连语言都无法融入，你英文说得再好，也没办法做心与心的沟通。

有人要说，那边福利好，医疗都免费。加拿大的医疗福利制度在全世界是数一数二的，但“免费的医疗”和“优质的医疗”可不是一回事，恰恰是因为免费，使得很多病人和医生滥用医疗资源。急诊经常要等四五个小时，想做个 CT，要排队等数个月。加拿大政府开支的医疗服务差到被许多人称为“得了病就等死”的地步。

虽然加拿大景色秀丽，污染少，但那主要是因为人少的缘故，政府为了保护自然资源，严格限制本国工业的发展，也造成了就业岗位的低下。“最适合人类居住”不等于“最适合人类工作和发展”，尤其是在加拿大经济持续低谷、失业率长期徘徊在 6% ~8% 的现实下，新移民来到之后，一年半载找不到工作是常事。对于技术移民来说，没有工作和稳定的经济来源，即便享受着美丽的自然风光，时间久了，也不会舒服，简直就是“精神折磨”。有超过 10% 的中国人选择技术移民成功后回流中国。

从教育硬伤中突围，孩子却成了编外人员

子女受教育这个话题，也是很多人都关心的。现在很多人都希望把自己的小孩送到国外去留学。他们留学之后怎么办？你让他回国，还是让他留在国外？这又是个问题了。

听说过“香蕉人”吗？大家都知道香蕉就是外黄内白，很多人把从小移民到国外去的人叫香蕉人。拿美国移民小孩来说，就是外表看着像中国人，但是内在，包括价值观、文化理念，又都是美国式的。在美国人看来，他是中国人；在中国人看来他是美国人。这样的小孩将来的前途怎么办？

现在我们公司也在招一些移民回来发展。你会发现这些人的工作方式、价值观很难适应中国式的工作。而他留在国外，第一还不一定找到很好的工作，第二即使找到一份工作，也成不了主流群体。

就像我自身的经历，我是在微软工作过的，我一个小小的程序员，在美国微软总部里，我有什么优势？一点优势也没有，我往上竞争，就要跟美国人去竞争，无论是在语言沟通能力上、社会关系上，还是背景上，各方面没有一个不是比我强的。所以你就会发现，当处在那个环境中时，你就是一个编外人员！

25 实习生：职场新势力

据统计，2013 年全国毕业的大学生人数在 700 万左右，比 2012 年增加了 20 万。而这个数字在 10 年前，仅为 280 万。《2013 年中国大学生就业报告》披露，2013 届高校毕业生总体签约进程与上届相比明显下滑，从 2012 年 10 月 29 日至 2013 年 4 月 10 日，被调查的 2013 届硕士毕业生签约率为 26%，低于上届同期 11 个百分点；本科毕业生为 35%，低于上届同期 12 个百分点；高职高专毕业生为 32%，低于上届同期 13 个百分点。

然而从企业的角度来说，也有一个统计，现在很多企业都在抱怨，招不到合适的员工。这就产生了一个很大的反差。这个反差在于，现在的大学生学的东西不能满足企业的需求，企业觉得招人变成一个很大的问题。有没有一种过渡的方式来解决大学生就业的问题，或者说企业用人难的问题呢？

于是有一种“职业”，我们把它叫实习生，也就是大学生在毕业之前，到公司里面去实习，其实这正好是解决大学生就业或者说企业招聘合适员工的一个特别好的机会。据不完全统计，有接近 90% 的大学生认为实习是职业生涯的开始,接近半数的实习生在毕业后留在了实习单位。实习成为大学生就业的一条捷径。

无论如何,面对史上最难就业季,职场战争从每位大学生的实习期便已打响。

丨我曾经面试过 4 000 多人丨

现在的大学生都已意识到实习这份工作对他未来职场的就业也好,或者说他对企业的了解也好,包括他人生的发展也好,都会起到非常大的作用,所以竞争也变得很激烈。

当你从众多简历中脱颖而出,将要面对的就是面试了。面试是一个非常重要的环节,这是你第一次正式和你未来的领导或同事接触,这也是决定你是否能获得这个实习生岗位的重要环节。

可以说,在我过去 15 年的职业生涯当中,被面试的经历有 20 多次,也曾面试了 4 000 多人。面试有时就是一道坎。我相信绝大部分人是"谈面试色变"的。

在上海微软全球技术中心做总经理时我曾面试过一位员工,他叫毛峰,他的笔试成绩不是很好,但让我感动的是他的那种真诚和执著,他对我说自己认准了微软公司,一定要努力进来工作。一次面试不行再来第二次、第三次,最终第四次面试他通过了。

很多人总是觉得成功离自己很遥远,但其实我们与成功可能仅仅隔着一扇门,只不过没有找到钥匙。坚持不懈的精神,这是我们在面试过程当中尤为看重的。

真诚是面试时最好的名片。作为一个学生,你紧张,没有经验,这些都没有关系。只是你一定要用最真诚的方式来回答面试官所提出的问题,而不是绕来绕去。

很多人都会觉得,好大学是会被优先考虑的,我要告诉大家,学校的好与坏固然重要,但是最重要的是什么?还是你本人。

我曾面试过很多员工,我真的是没有过多地去看学校是否名牌,有时只是普通得不能再普通的学校的学生,也同样进入微软。当年我在微软做中国区总裁的时候,甚至录取过一位学考古的女生。为什么呢?因为她面试的时候给我一种感觉,就是她学什么,都可以学得很精。她对我说,只要给她时间,给她机会,她一定可以学好计算机相关专业知识。

其实,学什么专业固然很重要,但是一个人最重要的能力是什么?是学习能力。

大家不能忽略投简历这一环。要让人感觉到你是用心在做简历的。

曾经有人在简历上,写了10条公司应该录取自己的原因。当时他并没有获得人事部门的回复。过了几天,这个应聘者又发了一次简历,他说:"您是不是再察看一下我的简历,我有哪些地方做得不足,最近我有哪些活动……"他又把他的一些照片也放在上面。我相信人力资源部的人会被感动的,这样你就获得了关注,面试的机会就得到了。

对于大学生来说,首先一定要争取到一个面试机会,引起关注,引起注意,这样机遇就大大增加。100份简历当中,你投了3份,就增加了3倍的概率。而且更重要的一点,就是你不断地加深别人对你的印象,这样的话,就会获得更多的机会。

| 史上最牛实习生其实是邓文迪 |

要说最牛实习生，就不能不提到传媒大亨默多克的妻子邓文迪。新闻集团掌门人、82 岁的默多克与其不到 45 岁的妻子邓文迪婚姻尽管走到了尽头，但是这段维持了 14 年的婚姻为邓文迪带来数额巨大的财产分割。她从实习生到传媒王后的传奇经历也被大众津津乐道：28 岁时在新闻集团香港分部实习，30 岁成为默多克的翻译，31 岁又挖墙脚成功让默多克娶了她。而这一切都始于当年邓文迪在一班飞往香港的飞机上偶遇新闻集团的董事，并把握机会，凭借其名校的学历和应变的能力，谋到了一份实习生的工作。

有人说她别有用心，有人说她野心勃勃。我觉得这也是一种争取机会的方法，虽然我并不那么赞同这种方式。

抛开邓文迪不谈，对于今天的职场实习生，很重要的一点就是要让人注意到你。

其实，要获得一份实习生的工作，也不是那么难。因为不少企业都有一套完善的实习生制度，对企业而言，这是选拔和储备优秀人才的有效方式，可以为企业创造更多价值。对于实习生而言，不仅为今后的工作提供相关经验，更让这些职场新鲜人对自身有更加清晰准确的定位。

不过，实习生这样一个用人单位的常规职位，也面临各式各样的问题，比如实习可以带来什么？是否介意实习工资？要留在实习单位吗？

比钱更重要的是实习经历

我觉得在人生当中，钱固然很重要，但比钱更重要的是什么？是经历。因为你做过实习，你可能相对比其他同学找工作要容易一些，或者说可以找到一份更好的工作，那这份更好的工作对你的未来是更有利的。从金钱的角度上，可能因为你的这个职场经历而变得更好，给你带来更高的收入。

就像现在包括我们企业当中也有很多很多的实习生，我们也在观察，也会从实习生当中选择一些比较好的留下来，因为我们觉得实习生的第一份工作就是在我公司里面工作的，所以他的职场烙印就是从我们公司开始的，他的血管里流的是我们公司的血液，他的做事的风格、规范、价值观等等这一切跟我们公司紧密相连，当你的价值观和公司的价值观紧密相连的时候，其实你在这家公司未来的发展机遇就会变得很大。

当你在选择实习公司的时候，你应该想，这份工作是不是我将来想一直留下来做的工作，或者未来我大学毕业以后，是不是想留在这家公司。我觉得在选择的时候，这是非常重要的。选择实习岗位并不是说盲目的，只要有实习机会，什么公司我都去。当你拥有这个选择权的时候，我还是希望你选择一个你喜欢的工作，选择一家你喜欢的公司。

实习岗位也要当作正式岗位来对待

其实要获得一份实习的工作，真的就像获得一份正式工作一样难。为什么？因为当你进入这家公司实习，你努力，你表现不错的话，下一个阶段你就是正式员工了。

对公司来说，像我们公司，我们也在招实习生，我们对实习生的要求，跟对正式员工的要求是一样的。我们考核这些实习生，当我们发现这个实习生非常适合这份工作，也适合我们公司的时候，等他快毕业，我们就直接给他发录用通知书，都不用经过再一轮的面试了。所以，实习岗位也是一样要当作正式岗位来对待的。

有统计显示，有实习经历的大学生比没有实习经历的大学生被录取的比例要高出50%以上。特别是在国外，如果你没有实习经历的话，你很难找到一份像样的工作，因为在国外几乎每个大学生都有实习经历，比如我女儿在美国读大学，因为有我这层关系在里面，所以她会带三四个同学到我们公司来实习，我问她为什么呢？她说因为她是大一的学生，大一的学生相对来说找到一份实习的工作还是有一定难度，专业基础知识也没有，工作经验也没有，所以更多的是给公司添麻烦。美国的大学生不管怎么样，只要有实习的机会，哪怕是到中国来实习或者到其他哪里去，他们都愿意，这说明了什么？实习岗位很重要！

对企业来说，它更希望好的实习生都留下来，因为经过了实习岗位的磨炼，有规范的做事风格、包括价值观都得到了融合，都跟公司已经熟悉了，同事之间的关系也非常融洽，而且很多工作已经得心应手，那作为企业，直接用这个实习生比外面再去新招聘员工再培养一年半载更加有益。

所以对于一个大学生来说，如果能找到一个实习机会，那对他未来职场发展会有很大帮助。

| 不需要过多在乎你的回报 |

目前这个环境中，特别对大学生来说，能找到一份实习生的工作，是你应该去努力争取的一个目标，实习恰恰是弥补你在大学和工作之间的一个缺失，通过实习的工作经历，可以帮助你了解职场，让你更多地知道职场的规范、做事的方式和方法。

去争取实习机会，对每个人来说可能变成一种竞争，在竞争过程中，你一定要有自信，要去努力培养一个良好的性格。当然我们也讲到了一些技巧，怎么去引起别人的关注，执着去争取每一个机会，实习生这么一个特殊的工作岗位，是你去学习的一个机会，所以你根本不需要过多在乎你的回报。你在这个企业当中是否可以学到你应该学的东西，这才是最应该关注的。

实习生只是你人生职场的第一步，那么通过这个第一步来开拓你未来的人生和职场，相信通过一个非常有趣又有益的实习过程，可以真正提升你的职场经验。

26 国人能吃上美国放心肉?

近几年我们不断听到中国企业海外并购的消息,中海油以151亿美元收购加拿大尼克森公司,创下国内企业最大海外并购案纪录;东风汽车集团和吉利控股竞购美国豪华电动车制造商费斯科,抄底美国电动车产业链;双汇国际最近又在以71亿美元溢价31%收购美国“猪肉大佬”史密斯菲尔德……

似乎在世界各地都能看到中国强大的经济和购买实力,然而在如此“泡沫收购”的背后,也不禁让我思考这样到底值不值。

|这是一场“泡沫收购”!|

为了收购这家世界级的“猪肉大佬”,双汇国际提出以每股34美元,共计71.22亿美元的巨额资金收购史密斯菲尔德,其中包括收购资金和债务,而收购当天史密斯菲尔德的收盘价是每股25.97美元,居然溢价了31%。

这简直不可思议！

这起被认为是美国消费品行业的最大收购案让双汇国际不但付出了巨额资金，还背负了史密斯菲尔德的所有债务。但仍有不少人认为，双汇国际收购史密斯菲尔德具有深远的战略意义，这是一起战略收购。

但我认为，这根本就不算什么战略收购。31% 的溢价，很明显是一场“泡沫收购”。什么是泡沫？就像一杯看似倒满的啤酒，其实有一大半都是泡沫。很多看似表面繁荣兴旺的状况，实际上存在很多虚浮不实的成分在里面。

过去 30 年，特别是最近 10 年，中国经济发展突飞猛进。如今在上海市中心地区购买一套普通公寓的钱足以在日本东京市中心购买一套豪华公寓。这是我 25 年前留学日本时想都不敢想的事情，但现在已经不再是什么大新闻。在中国的超市有很多商品的价格已经远远超过美国，在北京吃一顿高档中餐要比在巴黎吃一顿法国大餐还要贵。对于这些表象，我们不能盲目乐观，这种情况并不代表中国经济的整体实力，更不代表普通百姓真实的生活水平。中国是一个发展中国家，现在正处于不平衡的发展状态，即所谓的两极分化。所以这本身就是一种泡沫，但“泡沫时代”不可能是常态。

所以每当我看到中国企业在海外并购的消息，总会想到 20 世纪 80 年代后期日本的“泡沫时代”。那时候的日本和现在的中国在很多方面有着相似之处：当时日本楼市和股市屡创新高，日本企业拥有大量货币，进行了大规模的海外布局，即海外并购。日本的公司购买了包括哥伦比亚影业公司在内的美国著名企业和纽约洛克菲勒中心等大量地产。

当时日本人的商业逻辑就是，只要比日本国内便宜的就是合算的买卖。对于一个处于全面泡沫状态的国家来说，其实海外大部分资产都比本国便宜。但是在 1990 年，随着日本经济泡沫的破灭，日本企业不得不低价抛售那些海外资产，这些资产严重缩水，导致日本企业遭受重创和日本经济衰退。20多年过去了，日本经济还没有完全走出当初泡沫的阴影，现在日本的股市指数还不到泡沫时的1/3，楼市价格也只有泡沫时的1/3。

收购不值得！品牌与形象难提升！

尽管这是一场“泡沫收购”，但相信双汇肯定是经过慎重考虑的。难道双汇不惜重金要实现“自我的救赎”——改变形象、提升品牌？

作为本次收购案的主角，双汇在2011年3月15日被央视曝光了“瘦肉精”事件。在双汇集团济源厂收购的总数为689头的生猪中，普检后发现有19头“瘦肉精”疑似阳性生猪，最终17头被确认。随后有关方面对“瘦肉精”猪及其余存栏生猪一并进行了无害化处理。受到“瘦肉精”事件的影响，双汇公司的股价自2011年3月15日至17日连续3天跌停。作为一家在中国具有知名度的企业，“瘦肉精”事件无疑是一次毁灭性打击。无论是对双汇，还是对中国的猪肉产业。

但是，收购真的可以提升品牌、改变形象吗？首先就品牌来说，史密斯菲尔德虽然是美国最大的猪肉生产商和供应商，但是又有多少人知道这一点呢？我曾经在美国生活过，可是我并不知道史密斯菲尔德。那么在美国本地都不被大众所熟知的品牌，拿到中国来又有多少人会认同它呢？在美国，你问10个人，有七八个人会说不知道；在中国，你问10个人，估计都会说不知道。如果老百姓连收购来的品牌都不知道不认同，怎么能提升品牌呢？

既然品牌不能得到提升，那形象也很难去改变。无论是注水猪肉还是瘦肉精等，中国猪肉的质量问题是一种现象，不是一起收购就能够解决的。而且，美国与东亚各国和地区的肉类标准并不统一：东亚各国和地区一致禁止使用瘦肉精，而在美国，瘦肉精是合法使用的饲料添加剂。

既然无法从品牌和形象上去提升和改变，再加上收购上的溢价，那么我认为这场收购是不值得的。

|国人能吃上美国放心肉吗？|

中国的猪肉市场是全球最大的。有统计显示，2012 年中国的猪肉消费量高达 5 200 万吨，每年增幅达 1% ~2%。从 2008 年中国成为猪肉净进口国开始，近几年来每年猪肉的进口量在 40 万吨左右。相比之下，每年全球猪肉贸易总量却不足 700 万吨。在外国人眼中，“中国人口中的肉”就是猪肉。中国的猪肉消费占全球的 50% 以上。然而我们的猪肉却时不时出些问题。

所以对于很多普通老百姓来说，可能对于那庞大的收购费和收购背后的目的并没有多大兴趣。大家更关心的是，今后我们是不是能吃上放心肉了？今后我们买猪肉是不是可以更便宜了？

因为美国的猪肉价格大概比中国便宜近 1/3。当前中国生猪养殖整体成本普遍较高且波动很大，而美国生猪养殖成本较低。美国生猪养殖成本折算每公斤猪肉约 9 元人民币，而在中国每公斤在 13 元左右。中国的猪肉价格和 CPI 指数密切相关，每天我只要看 CPI 指数的变化就大致能够了解目前中国猪肉的价格走势。

其实，食品安全不光是我们中国关心，此次双汇收购史密斯菲尔德也引起了美国民众的担心。因为史密斯菲尔德一直是美国国防部的直接供应商，人家也担心这种供应关系会引发食物的安全问题。

我们是否能够吃上便宜又安全的美国猪肉，这都是我们在今后的日子里需要去关注的问题。当然我相信，随着中国产业结构的不断优化和调整，以及中国经济的不断发展和强大，在未来的某一天，我们一定可以吃上安全放心的、便宜的、优质的猪肉。不仅如此，还有很多其他产品也会越来越好。

| 这不是万隆一个人的错 |

我们在思考“双汇溢价收购到底值不值”的同时，我认为在中国的产业大环境中，猪肉产业具有很典型的代表性。在这场并不值得的收购的背后，也隐藏着中国产业的致命缺陷。

中国不但是世界猪肉消费最高的国家，同时也是猪肉产量第一的国家。据统计，中国猪肉年产量大约为 5 250 万吨，占全球猪肉产量的 50.23%。但是就在这庞大的产量数据下，我们却发现一个致命问题：中国猪肉产业竞争激烈，但还是以散养模式为主，无法实现整体系统的规模化养殖。目前，我国有大约 2.2 万家生猪企业，但大部分都集中在一两百头的养殖规模，5 万头以上的规模化养殖占比不足 1%。

双汇每年的投资额大约 50 亿元，但基本上都是用来建厂。双汇自有的养殖场数量并不多，据统计，双汇自由养殖场供应的生猪量只占双汇屠宰量的 10%。也就说，双汇的业务还是以肉产品的加工为主，上游更多的猪肉还是通过采购的方式得来。所以，收购史密斯菲尔德这家大型生猪养殖企业，也为双汇提供了稳定靠谱的生猪资源。据统计，双汇 2012 年的屠宰量是 1 100 多万头，而史密斯菲尔德的屠宰量一年在 2 700 万头左右，远远高于双汇。

我想这不仅仅是生猪养殖业自己的问题，我想到前段时间以无锡尚德为代表的光伏产业，这都暴露出中国产业的通病：一个行业做的人多了，产品的价格和利润就上不去了，为了生存，同行间彼此倾轧、杀价，最终导致整个行业进入萧条期。有的关门，有的转行，有的凭借自己的经验改做配套，有的干脆一走了之，这也就是最近很多企业家跑路的症结所在。所以中国猪肉产业的结构问题，也是中国很多产业的问题。

今年春节后，国内的生猪价格下跌到近三年的最低点，养猪的几乎都亏了钱。

IT 出身的我并不了解养猪的门道，但听说近几年同行中，包括丁磊在内也开始养猪了。从这点看得出，养猪还是个比较赚钱的行业，所以人家一窝蜂地去养猪。当今中国，只要哪个行业能赚钱，人们总是习惯性地一拥而上，比如太阳能、液晶显示器、养猪等等。

我觉得，当某个行当过热的时候，反思很重要，可持续发展更重要。伴随着经济的不断发展，地方政府除了要求企业做大做强之外，应该引导企业进行产业结构调整，提高企业核心竞争力，避免大家一拥而上。去年，几乎在所有的经济论坛上，我都能听到“产能过剩，产业结构需要调整”的论调，但是具体怎么调整，似乎经济学专家也没能给出正解。

大家在看到产业机会的时候，与其一拥而上，不如提高自己在所处产业的核心竞争力。任何企业在其所处产业中有了先发优势，应当不断提升技术水平，降低成本价格，提高产业门槛，这样就不会有太多的产业跟随者，从而保障产业稳定发展。我们不能执着于做低端产品，如果中国的所有产业都和养猪业一样，没门槛，这个产业将没有未来。

上海黄浦江死猪事件就是因为目前养猪行业的发展还处于初级阶段，养猪让当地变得富裕，但是众多养殖大户大而不强，小户小而零散，在养殖技术提升和相关预防上有很多不足，政府管理起来也很有难度。另一方面，土地政策使得集约化生猪养殖无法实现，导致养猪规模开始萎缩。

这次双汇收购史密斯菲尔德，也许是为了学习它的集约化养殖模式、高效的生产组织、严格的食品安全管理和有效的环保措施等，成功打造完整的海外版“种猪—商品猪—饲料—屠宰—深加工—品牌猪肉”等纵向一体化产业链。但是，结合现今中国产业的大环境，双汇能否成功，还要打一个大大的问号。

27 东欧为何“国穷民富”？

我一直想去欧洲进行一次为期两个星期的游学，现在我们就通过唐骏的眼睛了解一下欧洲的现在，经过欧债危机以后的欧洲，了解一下欧洲人是否真的是幸福的。我记得我小时候，那个年代看的电影有《布拉格之恋》，因此我这个年纪的人对东欧有一种恋情，就像那个时候曾经梦想能娶一个东欧的太太或者说向往一个布拉格女孩，这就是那个年代给我们带来的东欧情结。

直到20世纪90年代初，包括民主德国、波兰、捷克斯洛伐克、匈牙利、罗马尼亚、保加利亚、南斯拉夫、阿尔巴尼亚在内的秉持着共产主义制度的东欧八国，还是中国长期国际政治、外交实践中的坚定盟友，中国与东欧国家间有着密切的往来，在中国成长起来的一代人对于东欧国家都有着特殊的情感。

而随着20世纪90年代初的东欧剧变，东欧国家的政治体制向民主制度发展，中国与东欧的交往再也不是外交的优先序列。不少人将东欧归于欧洲大陆落后的一部分，包括波兰和捷克在内的东欧国家，都更愿意将自己归到中欧。而联合国统计局将白俄罗斯、保加利亚、捷克共和国、匈牙利、波兰、摩尔多瓦、罗马尼亚、俄罗斯联邦、斯洛伐克、乌克兰定义为东欧国家。

| 印象东欧 |

当中国人谈到东欧的时候,大家都觉得东欧并不是那么富裕,并不是那么发达。其实这是我们对东欧的一种误解。现在我们在东欧的人民广场上看到很多东欧人在喝咖啡,他们在温馨地聊天,人们的表情、穿着以及他们的生活方式都会让人感觉到其实东欧还是一个相对发达和富裕的国家。我们在东欧的街头也看到了,有星巴克,有麦当劳,有麦德龙、家乐福,所有这一切其实都能让人感受到东欧还是处在一个比较发达的层次。

在中国,白领们喝咖啡大多去星巴克,觉得这是一种层次。而在大多数东欧国家,星巴克之类的休闲场所已经是生活的一部分;在波兰,一杯星巴克咖啡的价格是 10 兹罗提,大约相当于人民币 20 元;在捷克,这个价格是 22 捷克克朗,约合人民币 22 元。相比中国的物价,东欧各国的生活物品要便宜很多。

在波兰和捷克的大街上,随处可见国际金融机构的身影,从另一个侧面也能看出东欧的开放程度。

根据国际货币基金组织对东欧国家的统计数据来看, 2012 年人均 GDP 捷克达到 20 925 美元,斯洛伐克 17 889 美元,匈牙利 14 808 美元,波兰 13 967 美元,处于高收入国家水平;同年,中国的人均 GDP 为 5 432 美元。仅从人均 GDP 这一项来看,欧债危机后,东欧国家仍然比较富裕。

东欧的经济靠什么？

汽车制造是东欧各国的支柱产业，波兰是欧洲汽车主要生产国之一，菲亚特、大众、丰田、五十铃、通用、沃尔沃等世界级汽车巨头都在波兰投资建厂。汽车零部件制造一直是波兰汽车工业的重要组成部分，该国大约有1 500家企业从事汽车及其零部件生产，不仅满足本国需要，而且还大量出口。2007年波兰汽车类产品出口额为170亿欧元，汽车工业总收入达258亿美元，占波兰制造业总收入的11%。

而东欧的另一老牌工业强国捷克，在二战前经济水平在欧洲位列第四，奥匈帝国70%的工业集中在此。目前在中国卖得风生水起的斯柯达就是捷克的汽车品牌，2005年被大众公司收购后引入中国。斯柯达是捷克唯一的一家汽车厂，国内4%的劳动力都为其服务，其产品80%出口到德国、英国及其他欧洲、美洲和包括中国在内的亚洲国家。作为世界四大最古老的汽车品牌，斯柯达汽车在东欧的街头随处可见，在欧洲中东部的占有率为36%。在捷克和波兰街头奔驰着的私家车，基本上都是斯柯达，日系或韩系车在这里很少见。

我小时候有一个梦想，拥有一辆车，当时我的梦想就是波兰的华沙牌轿车，因为华沙轿车在中国当时是最奢侈的品牌，都是军队、政府的高级官员使用的车。当时中国和波兰的关系非常友好，我们进口了很多波兰的华沙牌轿车。在波兰一共有2 000多家企业是和汽车零部件相关的产业。我们再来看捷克，捷克最大的产业是旅游业，第二大产业就是它的汽车制造业，所以波兰、捷克还是一个传统意义上的工业国家。

汽车制造业带动了一系列相关产业的发展，凭借强大的工业实力，在西欧国家纷纷陷入欧债危机之际，东欧国家仍是一片“净土”。在东欧这几天，我完全感受不到金融危机对东欧人民生活的影响。然而，尽管东欧经济表现强劲，百姓富庶，商业兴盛，但东欧一些国家的政府似乎并不有钱。站在马路一边，我们可以遥看波兰总统府官邸，2010 年，波兰前总统卡钦斯基乘坐专机从华沙飞往俄罗斯时，飞机失事遇难，据披露，卡钦斯基的专机已经服役 26 年，早已停产。

我们再来看一下波兰，2009 年波兰的人均 GDP 也在 1 万美元之上。在满分为 1 分的联合国人类发展指数测评中，波兰得分是 0.821 分，排在全球第 39 位，捷克和匈牙利以 0.873 和 0.831 分列第 28 位和第 37 位。美国以 0.937 分排在世界第 3，中国为 0.699 分，排在世界第 101 位。就是这么一个看上去还比较富裕的国家，总统的座机居然用了 26 年。

人们说欧债危机使得整个欧洲的经济一片萧条，确实，从政府层面来说政府是没有太大的经济实力，这就是我们这次来到欧洲所看到的“国穷民富”的现象。国家有很多赤字，但老百姓还是在享受自己的生活，拥有一个比较安逸、温馨的工作，这给我们带来了很多启示。

波兰大学生毕业后第一份工作收入大概只有 2 000 兹罗提，相当于 4 000 元人民币，与中国相比也并不多，但是波兰物价很便宜，波兰教育又是免费的，从小学到大学，同时还拥有免费的医疗系统。

总体来说东欧贫富差距较小，社会保障制度完善，东欧人民的生活水准也不低，总体呈现出“国穷民富”的状态。更何况，东欧还是被誉为“世界商人”的犹太人的聚居地之一。

在波兰一家酒吧，老板听说我们是中国人，来拍电视，他马上主动把波兰的传统服装拿给我，说如果你穿这个服装拍，你到任何一个地方观众都知道这是在波兰。你会发现波兰人的心中充满热情,对待生活也好,对待未来也好,包括对中国也好都是这么热情。很多波兰人都在看我录这个节目,边看边笑,我觉得这就是非常和谐的环境。

我问餐厅老板为什么犹太人这么会做生意,老板告诉我,因为他们很勤奋,而且他们很有耐心,不止是想赚快钱,他们理解金钱的价值。在这边创业并不容易,因为现在正处在经济危机,人们想赚快钱,这是不可能的,不够耐心,不明白为了赚钱需要先投资,认为钱来得很容易,只要做生意就能马上有回报,这是不正确的想法。同样,我觉得这也是对中国人说的。

| 波兰人眼中的中国 |

对于很多波兰人来说,中国很遥远,所以很多波兰人什么都不知道,他们就知道从中国进口很多东西,有国际贸易关系。还有留学生多,留学生知道中国的文化。波兰人的日常生活中有很多中国的产品。

在捷克、波兰这样的东欧国家,很多中国人追随父辈来到这里生活。中国人带去的杂货像风油精、清凉油、珍珠项链、丝绸衫等等一直是非常畅销的货品。而这些商品在中国可能不值多少钱,但是去了东欧,一个风油精可以有1美元的价值,中国人靠这些杂货在东欧发家,有人调侃称他们是"国际倒爷"。

华沙、布拉格等城市有"跳蚤市场"的地方肯定有中国人,并且市场里大多数是中国人,近几年,带有"中国制造"的货品在东欧也是广受欢迎。中国人的"东欧梦"一点也不亚于当时的美国梦。中国人对推动东欧经济的发展也起到不小的作用。

东欧国家在过去的十几年当中,纷纷走出低谷。很多人对东欧国家并不是很了解,但东欧国家已经通过各种方式提升了他们的经济实力,有些国家加入了欧盟共同体,在欧盟共同体当中也发挥了很大作用。我们过去所了解的东欧和我们今天所亲眼见到的东欧是不一样的东欧。也许很多人说欧债危机给欧洲带来了很大困难,欧债危机确实在很多层面上使国家受到损失,但更大意义上说是"国穷民富",这是我们在欧洲特别是东欧所看到的。

28 北欧："懒人经济模式"走到末路了吗？

在我们很多人心目当中，北欧是一个高收入、高福利、高税收的国家，凭借其丰富的自然资源形成了著名的"懒人经济模式"。一场欧债危机席卷了整个欧洲，北欧五国之一的冰岛濒临破产，很多人开始怀疑这个所谓的北欧神话可能会破灭。

但是当我们亲临北欧的时候，我们发现这里的老百姓还是和过去一样过着他们幸福的生活。从北欧国家平均人口来说，瑞典的平均人口所拥有的跨国公司是世界上最多的。在欧债危机期间，挪威的经济逆势上扬，从各个统计来看，北欧特别是挪威、瑞典、丹麦的幸福指数永远是排名在世界前列。

当欧债危机波及中国的时候，特别是那些债务国的政府和人民还在担心自己的生活和未来的时候，北欧尤其是瑞典人民90%表示出了对政府、对未来、对国家的信心。到底什么让北欧人那么充满着对未来的信心，我们想亲身见证一下为什么北欧人是这么地幸福。

| 世界上最幸福的地方 |

根据经济合作与发展组织的最新调查报告，包括丹麦、挪威、瑞典、芬兰和冰岛在内的北欧五国被称为世界上幸福感最强的地方。该项调查把公民个人对生活的满足感作为衡量指标，调查范围涉及全球140个国家。

结果，“世界上最幸福的10个国家”按照先后顺序排名分别是：丹麦、芬兰、荷兰、瑞典、爱尔兰、加拿大、瑞士、新西兰、挪威、比利时。北欧五国中的四国榜上有名。

从调查结果可以看出，幸福感和经济形势有很大关系。得分最高的挪威，其2012年的人均国内生产总值达99 316美元，丹麦、瑞典分别以55 448美元、54 879美元的成绩挤进前十，而芬兰则以45 545美元排名第16。哪怕是曾爆出破产丑闻的冰岛也以人均41 151美元位列第20位。同期美国人均GDP仅以48 147美元位列第15名。

在北欧，我们随机采访了几位普通市民，无一例外，他们都对自己的生活感到很幸福。当问到他们幸福的原因时，他们说因为环境好，阳光明媚，生活得很安全，瑞典是最安全的国家之一。另外一点是，瑞典这个国家很富裕，经济稳定，大多数人的基本需求都已得到满足。我想，如果你问900万瑞典人幸福是什么，你会得到900万个不同的答案。

即使大半个欧洲还挣扎在债务危机泥淖、债务国政府和人民为紧缩财政而人心不安的时候，82%的北欧人对自己的工作表示满意，81.5%的北欧人对本国环境表示满意，83.5%的北欧人对本国选举的诚信度表示有信心，91.1%的北欧人对社会给予的个人选择自由度表示满意，那么究竟是什么让北欧人对于生活的满意度这么高？或许北欧的当地人能给我们提供答案。

我想这可能不仅仅与经济有关,也有很多其他因素。我认为环境是一个因素,他们生活在没有污染的良好环境中。另外,他们生活得很有安全感。虽然犯罪率略有上升,但是和其他国家相比,瑞典是个很安全的国家。当你有自由和权利去实现自己想做的事情时,从某种意义上说你离幸福就不远了。瑞典多年来一直是个和平安定的国家,同时也是由于政府机制稳定,人们对于国家和政府机制非常信任,他们感到可以真正地主导自己的生活。除了经济上,也包括社会形态上,因为对于政府机制的信任非常有意义。人们乐意去纳税,他们可以得到切实回报,政府机制取之于民,用之于民,人们也感到自己对社会作出了贡献。瑞典很干净。而且这儿的一切都很可信可靠,这是个诚信社会。这里也有很多机会,做任何事情的机会,没有什么制约,你可以做自己想做的任何事,这是主要原因。当然瑞典的经济实力强盛,因此你也会为你的孩子有一个美好的未来感到欣慰,当你年老后也会生活得相当舒适。这些都是一部分因素。学费是免费的,而且学生每个月会得到一笔钱,这是一笔贷款,以后要还的——一半是补贴,一半是要还的贷款,大概一个月拿到 9 000 瑞典克朗。

| 享受交税的北欧人 |

丹麦、瑞典、芬兰等北欧国家的高福利是世界闻名的,其他欧洲国家也十分羡慕。医疗方面全民公费,无论城乡,不分人群,一律平等。即使远在格陵兰岛上的爱斯基摩人,如果身患大病,也会由飞机接到首都哥本哈根住院。

病人住院期间，不但免费看病，还管一日三餐。在教育方面，从小学到大学，全部免费。不但如此，国家还每月给18岁以上的大学生补助津贴。北欧国家鼓励生育。丹麦只有超过500万人口，还不到上海市人口的1/3，芬兰、瑞典和挪威更是地广人稀。每育一子，夫妇双方同时休假一年，费用由政府支付。福利社会甚至体现在很多小事上，如街头有很多公共自行车租赁点，只要你缴上20克朗押金就可骑走，自行车归还后，押金即可取回。

很多人将北欧的“福利国家模式”称为“北欧模式”，其突出特征是国家通过各种法定的福利保障计划形成一种体制，建立一种社会保障网，实行“从摇篮到坟墓”的高度社会福利，涵盖社会保障、社会服务和社会补助等方面，使个人不会因为生、老、病、残等原因影响正常生活。这些福利所需资金的来源是北欧国家的高税收。丹麦等北欧国家的税率很高，个人工资的1/3左右要缴纳个人所得税。

上周是瑞典年税收申报的截止日，周六我在收听斯德哥尔摩本地电台时，得知人们为了在截止日前做税收申报，纷纷赶在午夜12点之前到达税务局。电台采访了一些民众，很多人都说不介意交税，因为他们知道自己也会受益于此。纳税也给他们带来一种成就感，感到自己是在为社会福利作贡献。而且这也给他们带来一种集体归属感，不会感觉到自己是独自一人。这就说明了贫富之间差距的减小会让人们感到幸福。基本上他们可以从政府无偿地得到津贴来资助生活。但之后等他们工作了，也要交一大笔税，大概是每个月收入的30%不到。所以我想这也是偿还的一种方式。瑞典的高税收政策已经实施了很久，高税收用于高福利。但是，或许是由于税收确实太高，政府公共部门变得过于庞大。在19世纪早期经历过一场危机，不得不对公共部门进行大幅裁员，减少政府预算。

北欧主要经济体的税赋普遍高于欧盟国家。其中，丹麦公司税率达到25%，瑞典公司税率高达26%，芬兰税率也高于欧盟平均水平，达到23%。高税收发挥了这样几个作用，一是积累了大量的公用资金，以支持社会的高福利；二是制约了暴富阶层的形成，越富缴税越多，使贫富差距不致过大，所以丹麦经常炫耀这样一句话，他们“富人不多，穷人更少”；三是促使广大纳税人关注政府如何使用自己的税款，从而监督政府和各级官员的行政行为；四是强化一般民众的主人翁意识。这些都是让这里的老百姓感觉到幸福的原因。

我来到北欧后，发现这里的税收很高，尤其是对高收入人群的税收相当高，因此贫富之间的差距并不大。不像美国，富人极富，穷人极穷，但瑞典由于高税收，即使收入很高，扣税之后收入水平差距不很明显。这也有一个缺点，就是你无法致富，即使你有这样的意愿，也无法变得非常富有。但另一方面，人与人之间很平等，和谐融洽。这样的感觉很好，因为即使对富人来说，当他看到周围的“穷人”并非那么穷，他也会感到宽慰，没有人在受苦。而且，瑞典的不平等现象较少，收入分配较为集中，中层阶级占很大比例，虽然他们不是非常富有，但他们有家庭，有房有车，工作好，也会去度假。所以幸福是因为很富裕，贫富差距不大，有一个很好的体制来保证这些。政府对人民生活给予很多支持，可能偶尔有例外，因为有钱人不想缴纳那么高的税，他们对此并不感到高兴；而穷人对此却很高兴，因为他们没钱时可以问政府拿钱。

北欧国家不同于西欧、南欧甚至东欧国家的一个重要特征是其宗教意识相对淡化，没有政教合一的传统，更没有经过文艺复兴的洗礼，这种文化氛围使得北欧国家的等级观念不强，而平等意识、社会平民意识较为浓厚。因此在北欧，没有特权阶级的意识，官员和普通百姓享受一致的待遇。而北欧的高税赋又使得富人和穷人之间的贫富差距缩小，相对公平的分配制度缓解了紧张的社会矛盾，或许这也间接造就了北欧诸国最幸福国度的美名。

与新加坡模式中政府官员高薪养廉不同的是北欧官员绝无高薪，却依然甘之如饴。高官除部长等需会晤外宾或礼节需要出入坐车之外，一般官员包括国会议员多用自行车代步，健身又环保。在一定意义上，这个现象就是折射高度文明的重要指标。包括王室开支在内的政府公务对全民公开，所有资讯包括会议记录，除国防、金融等极少领域，其他全可在网上觅寻得到。政务公开的结果是明显的，民众对于政府的信任感倍增，幸福指数自然也随之攀升。

在瑞典流传着一个有趣的故事，当年瑞典首相要去秘鲁出访，他突然感觉到腿不舒服，就去医院查了一下，医生建议他动手术。结果他就向医院提出能否动一个手术，但是瑞典的法律规定一个医生一天只能看 6 个病人，所以他不能及时动手术。两个月以后他动了手术，但是去秘鲁的行程已经不能再成行了。一个首相居然不能拥有这么一个特权，就能想象得出来瑞典这个国家做事是多么的严谨。我也和当地朋友进行交流，他们说经常在公交车上看到哥德堡市市长或者一些部长等等，这就是瑞典的生活，也是瑞典能看得出普通老百姓和所谓官员之间非常讲究平等的关系。

什么是幸福？

6 年前，BBC 拍过一套纪录片《幸福公式》，开篇提出的问题就是：我们更有钱了，更健康了，IQ 提高了 3 倍，为什么没有变得更幸福？

哈佛大学著名的幸福公开课曾经提出，幸福就是金钱除以欲望。调查显示，亚洲人在物质条件更好的情况下，欲求也更多了，是不是这就是我们没有北欧人幸福的原因呢？

因为享有高福利，工作对于北欧人来讲，更多是出于兴趣，而非谋生手段。当工作并不是为了生存而逼不得已之后，很多事情就简单了。在这里我们遇到了从中国来北欧留学的李思超和在这里创业十多年的刘英慧，或许他们能为我们更多地解读北欧的生活状态。

很多人都会说瑞典人要比中国人幸福。思超觉得心态非常重要，他们有一个非常好的生活心态，可能就是因为整个社会体系非常完善，他们已经在社会主义国家非常长时间了，他们的医疗体系、教育体系都非常完善，所以说人们的生活压力并不是很大。生活压力很小，所以他们可以把自己挣的钱完全用来做自己想做的事情，应该说没有太多的后顾之忧，比较有保障。

这里生长起来的孩子并没有太多来自父母方面的压力，因为他们不会像国内可能会说你将来要考大学，所以你现在有很多兴趣也不应该去做，因为你要好好学习，这是第一的；而这边的人更多注重的是自由成长，他们会觉得你有什么方面的兴趣我就鼓励你，我就培养你，是一种鼓励式教育。思超说，我觉得他们生长环境很自由，自由的生长环境可以让你形成非常自由的思维，所以说他们可以诞生很多非常有设计感的品牌，我觉得都跟从小的成长方式有关。

|瑞典人也信奉“中庸”之道|

瑞典人有一个专有的名词有点像中国的“中庸”，要适度，不要说太过了，也不要太差了。很多瑞典人也有这样一个习惯，可能有一部分非常优秀的瑞典人，这些人经常在一起讨论怎么做，带着那些不愿意想的人一起往前走。

整个北欧可能还跟民族性格有一定关联，大部分北欧人比较沉稳，不是很热情奔放，寡言少语。他们每天忙于自己的事务，可以说搞点什么创新，有什么想法，几个人商量商量就开始决定怎么去做了。可能做的时候要多一些，说的时候要少一些。相对来说北欧人性格比较沉闷一些，不像西班牙人或者意大利人那么热情。

北欧模式对于中国人的魅力何在？北欧五国长期盘踞最幸福国度前十名的原因何在？究其原因，其受到世人关注的表现不外乎：人均 GDP 长年排在世界各国前列，收入所得、财富分配无悬殊现象，高税收带来的高福利，社会保障和福利体系完善。历年来，在全球政府的廉洁度比较中，北欧国家多在前十名、甚至前五名之列，中国人熟悉的廉洁政府新加坡往往都在它们之后。

在这样的环境下逐渐熏陶出来的价值观，也是北欧民众幸福的源泉所在。

伊安·安德森是瑞典斯德哥尔摩大学的教授，他的妻子是一名地地道道的中国人，作为一名中国女婿，瑞典男人的家庭观念更接近于中国五千年来的传统家庭文化。在瑞典，家庭观念非常重要。他们尽可能地去关心彼此，和其他西欧国家相比，他们很看重家庭的建立，比如，瑞典的新生儿数量比其他国家更多，年轻人也会组建家庭。这也是为什么瑞典的失业问题虽然存在，但不像其他欧洲国家那么严重。国家和雇主也大力支持，使得他们有能力成立家庭。他们有产后休假，比如安德森个人就有半年的产假，可以有时间陪伴孩子，这令他很高兴。

安德森是中国“女婿”，因为他娶了位中国太太，我们很好奇，于是问他觉得幸福吗？他的回答是：“当然。”

我接着问：“你没有遇到文化上的冲突吗？”

他说：“我们当然有文化冲突，一个最典型的例子就是人作为家庭之间的纽带关系，传统意义上，中国人的家庭观很重，这一点我很理解，有时候也需要顾及自己的家庭，但有时候我会觉得我妻子对于家庭的理解更狭窄一些，而我则更广一些。”

“你的父母幸福吗？”

“他们也很幸福，因为他们有可爱的子女，当然啦，他们对于自己抚养子女的方法，对于他们现在在做的事都感到很快乐，他们的住处离这儿开车才一个小时，他们很高兴我在这边生活得很好。瑞典人都很重视家庭。”

|幸福的源泉：知足常乐|

在北欧你很少看到高楼大厦，这里的老百姓穿着也非常朴素，开着普通的车，吃着普通的食品，过着非常普通的生活。他们不追求太奢华的生活，晚上 7 点很多店已经关门，没有人在街上太多地像我们中国人那样享受奢华的生活，他们的生活并不是每天都处在刺激、灯红酒绿之中，我们也真的不知道北欧人怎么会那么幸福。

中国人在谈到西方的这种家庭观、价值观的时候总会有这么一个概念，认为西方家庭的孩子与父母之间的关系显得更疏离，但是我们发现北欧人有更深的家庭观念，他们对于亲情和家庭的关注度远大于工作和金钱。北欧人的家庭观与中国传统意义上的家庭观走得更近。这或许也是北欧人幸福的原因之一。

去了北欧，我就想了解为什么北欧人的幸福指数在世界排名是靠前的。对于“为什么能感觉如此幸福”的问题，当地人，包括一些中国的留学生，他们给我们的回答其实都是不一样的，但是能让我们得出相同的结论是能感受到他们很幸福。他们的幸福在于什么，他们拥有一个良好的社会保障制度，他们有一个很好的社会福利制度，他们有一个非常公平的社会环境，同时他们也没有感觉到贫富差异。我们还发现更重要的一点是什么，他们拥有一个良好的心态，他们很满足，其实知足就是幸福的一种表现。

今天的中国和10年前、20年前、30年前相比，我想我们每个人都切身感受到我们中国在变化，变得越来越好。当我们拥有这样的心态以后，我们完全可以变成一群幸福的人，我相信我们中国的每一个人都可以感受到这样的幸福。其实幸福的定义真的是很简单，就是知足，当我们知足了，其实我们就幸福了。

29 海外并购：中国动力汇聚全球资源

2012年经历了欧债危机，全球经济发展速度明显放缓，但是国际大企业之间的并购热潮并没有放松，特别是中国企业的海外收购成为大家刮目相看的现象。因为欧债危机的影响，欧洲的资产相对大幅缩水，所以中国的企业希望通过收购获取国外的技术、品牌来增加我们技术的核心竞争力。

2012年中国企业在海外的投资增长了14%，达到772亿美元，其中并购投资就占了49%，达378亿美元。去年中国在欧洲的并购交易额增长21%，达126亿美元，对美投资增长48%，达54亿美元，而对亚洲的投资下降了65%；中国企业正在火热地“抄底”欧洲资产。

我们看到了一些耳熟能详的企业公司，比如说三一重工对德国大象公司的收购，吉利对瑞典沃尔沃公司的收购，这些收购给中国企业带来了品牌、带来了技术，但是我们想知道收购以后这些公司现在到底是怎么发展，是发展得更好了还是衰退了，我们中国的企业能否管理好一家国外的企业。我们带着这些疑问来到了瑞典，来到了我们要去参观、了解的一些公司，希望通过亲身经历来感受一下这些收购给中国企业带来的价值。让我们来解密中国企业海外收购兼并的一些实际案例。

洋气媳妇,土丈夫

创立于1924年的沃尔沃汽车公司是北欧最大的汽车企业,世界20大汽车公司之一。1999年,沃尔沃集团将旗下的沃尔沃轿车业务以64.5亿美元出售给美国福特汽车公司,其市值折合人民币超过500亿元。近年受金融危机影响,福特与沃尔沃均出现严重亏损,福特也因此出售沃尔沃。2010年3月28日,中国汽车企业浙江吉利控股集团耗资18亿美元从福特手中收购了沃尔沃100%股权,购得沃尔沃轿车业务,并获得沃尔沃轿车品牌的拥有权。此举创下中国收购海外整车资产的最高金额纪录。对吉利来说,沃尔沃就像是一艘比自己庞大得多的战舰,但吉利还是买下了它。如果单从硬件上看来,吉利用有限的18亿美元买下了看起来很划算的资产。

沃尔沃是一个拥有百年历史的品牌,它的历史其实就是汽车工业的发展史。我也和当地一些老百姓进行沟通和交流,对他们来说,整个的收购并未像我们中国的媒体引起那么大的轰动。瑞典人觉得沃尔沃永远是属于瑞典的一个品牌,瑞典的沃尔沃也好、萨博也好,虽然都已经被国外的企业收购,但是他们还是相信沃尔沃是属于瑞典的品牌。

瑞典政府在知道沃尔沃和萨博面临困境的时候,他们并没有伸出双手来拯救,而是让国外企业收购。这和美国政府形成了一个鲜明的对照,在金融危机时美国三大汽车公司都面临同样的境况,但是美国政府花费巨大代价拯救了三大汽车公司。这说明在瑞典的政府心目当中,他们更倾向于企业是企业,政府是政府,通过这样的方式让企业更好地良性发展。政府希望企业通过自身的努力或者通过经济效应得到更好的发展,这就是瑞典政府扶植本地企业和本地经济的战略。

上世纪末,福特收购沃尔沃汽车之后,一味通过沃尔沃技术来对自身进行“供血”,缺乏进一步投资沃尔沃汽车的动力。同样的情况也出现在通用汽车收购欧宝的案例中。1931 年,美国通用收购了德国欧宝。欧宝成了通用汽车提升旗下别克品牌技术的源泉,随即,欧宝品牌也被通用汽车禁锢到中国和美国两大汽车市场之外,失去了造血功能,目前仍深陷泥潭。在瑞典政府看来,沃尔沃在福特公司旗下的 10 年,让沃尔沃失去了全球市场的竞争力,明珠蒙尘,而吉利收购沃尔沃不仅能让沃尔沃这个品牌重新焕发活力,更能解决瑞典的就业问题。

瑞典人支持吉利收购沃尔沃!

瑞典延雪平大学工商管理教授马蒂亚斯对于中国企业吉利汽车收购沃尔沃的看法是这样的。

> 几年前,当收购案发生时,它在瑞典非常有名,因为这是第一次有一家中国公司过来收购瑞典公司。当时很多人都对此感到兴奋。人们在很大程度上是感到高兴的。因为瑞典人对于沃尔沃的未来也感到担忧。之前沃尔沃曾归福特所有,当时关于福特会继续对沃尔沃做多少投资、沃尔沃对于它有多重要,这一切种种问题很不明朗,而且沃尔沃的很多车型与福特的车型存在竞争关系,所以很多瑞典人都很担心沃尔沃的未来,担心它是否会消失。所以,

当吉利宣布要投资收购沃尔沃并承诺保留沃尔沃作为独立子公司时，虽然其中有一些不确定因素，但人们还是感到很高兴。这令我感到非常意外。因为中国人会觉得，瑞典人的民族意识很强，自己的传统民族品牌却被一个远在中国的、国际知名度不高的公司收购。活血这些也确实存在，目前也有一些对收购之后的不确定因素的担忧、对沃尔沃未来发展的担忧，因为沃尔沃对于瑞典有着重要的历史和文化意义，它是瑞典的一个标志，所以人们也会担心它未来的发展，以及瑞典和中国之间文化差异的问题。但是，瑞典已经习惯了民族企业被外国公司收购的情况，虽然瑞典国家不大，但它非常国际化。人们对于外国人拥有本国公司非常习惯。

我们希望沃尔沃将不仅仅是一个好的汽车品牌，而是不断地提升，希望吉利能对其产品开发、技术研发进行投资，提高汽车质量，从而扩大销量。同时也希望吉利增加在瑞典的投资，因为人们担心沃尔沃被收购后，它的生产和技术研发都会从瑞典转移到中国，这是我们所担心的。我们希望大部分的产业，即使不是全部，会继续留在本国。现在沃尔沃依然是瑞典品牌，对大多数瑞典人而言，不论谁拥有沃尔沃，它在很大程度上还是一家瑞典公司，只是被一家中国企业和中国商人所拥有。但无论如何，它还是非常瑞典化的，即使是对于很多其他国家的人来说，他们也依然会把沃尔沃和瑞典联系在一起，包括它的质量、设计等方面。

吉利在收购沃尔沃的过程当中，其实也遇到了很大的障碍。这个障碍来自于工会，北欧工会的力量是巨大的。当吉利决定要收购沃尔沃的时候，这里的人都产生了巨大的质疑，一家从没听说过的中国公司要来收购一个有将近百年历史的企业,它能管理好这家企业吗？能把这个企业重新带到一个新的高度吗？但是奇迹发生了,这里面有一段小小的故事,吉利公司董事长李书福和工会之间进行了一次谈判。第一个问题说为什么我们要把沃尔沃卖给吉利,这时候李书福说“I Love you”,夹杂着浓重台州口味的英文。我相信他只会讲这三个英文单词,但是这三个英文单词深深打动了瑞典沃尔沃工会主席,就这样,工会主席反而来推动了收购。

作为传统的北欧福利国家,工会的力量是相当强大的,同以低成本著称的中国制造业的劳工政策比较起来,北欧完善的劳工保护无疑会极大地加大吉利收购沃尔沃之后的成本,如果把吉利收购沃尔沃比作一场举世瞩目的跨国“婚姻”,那么,作为吉利的“丈母娘”,沃尔沃的工会显然是个难缠的主。但是李书福先用情感打动了沃尔沃。其次,李书福的战略规划也很吸引人。在与福特高管和工会见面时,李书福提出了三点:第一,吉利是吉利,沃尔沃是沃尔沃;第二,充分给管理层自由,让沃尔沃自由行驶;第三,未来,在巩固欧美传统市场的同时,重点拓展中国等新兴市场。

吉利的汽车文化与沃尔沃的汽车文化俨然不同。一个散发着“农村青年”气息,另一个则保留着欧洲豪华名车的高贵血统,85 年的贵族气质和 15 年的草根特色相遇,能够产生一往情深的爱恋吗?

中国很多企业在收购西方企业过程中一定会出现文化的差异,就像我们的筷子和西方的刀叉,中国的馒头和西方的汉堡怎么去融合在一起？特别是像这么一家拥有 80 年历史的企业,他们有一套成熟的管理机制,是适合本国文化、本国体系的一种管理方式。当我们的公司来收购他们的时候,我们该用一种什么样的方式来继续管理他们,不管是让吉利顺从沃尔沃,还是让沃尔沃顺从吉利,都有很多问题摆在面前。

吉利比福特好

一家中国的汽车制造商收购了瑞典最著名的汽车品牌沃尔沃，那么瑞典当地人对此是什么样的看法和感受呢？伊安·安德森，瑞典斯德哥尔摩大学教授说了以下一番话。

我当时立刻觉得这是件好事。因为事实上，沃尔沃当时的东家福特对于沃尔沃的品牌在他们自身框架中的定位产生了一些问题，我不确定福特是否完全了解欧洲市场，在我的认识中，福特在美国市场做得很好，但欧洲市场与美国市场不同，而且因为他们还拥有其他品牌，比方说捷豹和他们有着很长的合作历史，捷豹被他们定位在顶级品牌，而沃尔沃则被放在第二级别的品牌中，在捷豹之下。

从这个角度看，吉利可能会是个比福特更好的东家。因为福特在行业里是老牌的制造商，自20世纪早期创立，它的公司和产业文化都已经发展成熟。我们觉得它的灵活性不足。而对于吉利，虽然可能会有中国和瑞典之间的文化差异，但我相信、也希望它能更加灵活地适应和理解沃尔沃的文化，让它向不同的方向发展。从这一点来说，吉利可能会是一家更开放的公司，尤其是因为它的经营者是一位企业家。

此外，公众和媒体的看法同样积极，可能原因不同。对于瑞典西部地区，沃尔沃是非常重要的产业。他们同样也是积极的，因为获得了资金支持，沃尔沃有了新东家，并且也是一个经营比较稳健的东家。

对收购后的未来发展，唯一的担心是如何将中国的企业文化与美国和瑞典的企业文化相融合，但我相信最终它会健康发展，发展成一个综合的文化，这将对彼此都有益。

事实证明沃尔沃被吉利收购是正确的选择，据统计，在沃尔沃被福特收购以后，除了2005年的小幅度盈利之外，其他时间均处于亏损状态，2008年第一季度的财报显示，沃尔沃在美国市场下滑了7.9%，只销售了24 804辆，在欧洲市场也下滑了9.6%，沃尔沃成了福特的“鸡肋”。

然而在吉利完成对沃尔沃收购的2011年，沃尔沃财报显示，其在全球汽车销量的业绩大幅提升，和2010年的37 3525辆相比增长了20.3%。营业收入同比增长11.1%，税前利润接近2.4亿美元。

这一年，沃尔沃汽车在各主要区域市场均取得销量增长，其中，北美区域销量同比增幅达到22.5%，西欧市场销量增幅为13.1%，北欧区域保持了13.3%的销量增幅。十大单一市场除英国外均实现销售增长，其中，前三大单一市场美国、瑞典、中国增幅分别为24.7%、10.5%和54.4%，势头强劲。

这是一个双赢的局面，正如同当年联想收购IBM PC事业部，割舍了PC事业部的IBM如今仍旧是“世界500强”之一，并且盈利远超当年；而收购了IBM PC事业部的联想借此扶摇直上，将品牌影响力扩张至全球，成为一家全球性的跨国企业。

| 海外并购，中国全球化 |

中国已经连续4年成为世界最大的汽车生产国和第一大汽车市场。海外收购成为中国汽车产业实现技术跨越的一个捷径，弥补了关键技术和核心技术方面的缺失。

我们看到越来越多的中国企业通过并购，以更为成熟的姿态置身于全球化的市场。比亚迪收购日本狄原磨具厂后，把一半日本员工交流到中国，进行技术指导，再把比亚迪员工派到日本进行学习。通过双向交流，很快掌握了汽车磨具的核心技术，改善了汽车磨具水平，提高了比亚迪汽车的品质。

北汽收购萨博汽车整车平台后，在此基础上打造北汽自主品牌轿车，大大缩短了产品研发周期。

吉利汽车从成功收购澳大利亚DSI公司的第一天，就谋划如何把收购来的技术为我所用。目前，引进DSI技术的先进6速自动变速箱已经在国内量产，并且配置在吉利旗下全球鹰、帝豪和英伦等多个车型上。

通过对海外成熟企业的并购，不仅提升了中国企业的品牌影响力，一定程度上也增强了中国企业技术研发的实力。

我希望更多的中国企业走出中国全球化。在全球化的今天，收购和兼并是一个重要的战略，但是在收购和兼并的过程当中，我们更希望中国的企业会变得更加理性。就像我们很多中国人到海外进行名牌采购的时候，我们不止是说追求一个名牌，我们也希望了解名牌的内涵、了解名牌的本质。就像我们在收购未来的企业的过程当中，更加理性地去了解这家公司，了解这家公司的竞争力以及未来我们可以给这家公司所带来的发展空间，这才是我们未来收购兼并的一个非常重要的思维方式。

图书在版编目(CIP)数据

唐骏来啦/唐骏 著.—桂林：广西师范大学出版社，2014.9
ISBN 978-7-5495-5822-3

Ⅰ.①唐… Ⅱ.①唐… Ⅲ.①中国经济-文集
Ⅳ.①F12-53

中国版本图书馆CIP数据核字(2014)第182857号

出 品 人：刘广汉
策划编辑：任 春 殷慜韬
责任编辑：阴牧云 顾杏娣
特约编辑：晏 越 陈 晨 陈翔君
装帧设计：汪佳诗

广西师范大学出版社出版发行
(广西桂林市中华路22号 邮政编码:541001
网址:http://www.bbtpress.com)
出版人:何林夏
全国新华书店经销
销售热线:021-31260822-882/883
山东临沂新华印刷物流集团印刷
(山东省临沂市高新技术开发区新华路东段 邮政编码:276017)
开本:690mm×960mm 1/16
印张:14 字数:160千字
2014年9月第1版 2014年9月第1次印刷
定价:39.00元